乍浦四院士

中共嘉兴市委嘉兴港区（综合保税区）开发建设工作委员会

嘉兴港区（综合保税区）开发建设管理委员会　编

浙江工商大学出版社 | 杭州
ZHEJIANG GONGSHANG UNIVERSITY PRESS

图书在版编目（CIP）数据

乍浦四院士 / 中共嘉兴市委嘉兴港区（综合保税区）开发建设工作委员会，嘉兴港区（综合保税区）开发建设管理委员会编. — 杭州：浙江工商大学出版社，2021.7

ISBN 978-7-5178-4412-9

Ⅰ.①乍… Ⅱ.①中… ②嘉… Ⅲ.①院士－生平事迹－嘉兴 Ⅳ.① K826.1

中国版本图书馆 CIP 数据核字（2021）第 058831 号

乍浦四院士
ZHAPU SI YUANSHI

中共嘉兴市委嘉兴港区（综合保税区）开发建设工作委员会

嘉兴港区（综合保税区）开发建设管理委员会　编

责任编辑：张晶晶
特约编辑：李大军
封面设计：纪张多
责任印制：包建辉
出版发行：浙江工商大学出版社
　　　　　（杭州市教工路 198 号　　邮政编码 310012）
　　　　　（E-mail：zjgsupress@163.com）
　　　　　（网址：http://www.zjgsupress.com）
　　　　　（电话：0571-88904980　88831806 传真）
排　　版：纪张多
印　　刷：杭州丰源印刷有限公司
开　　本：880mmx1230mm　　　1/32
印　　张：7.25
字　　数：135 千字
版 印 次：2021 年 7 月第 1 版　 2021 年 7 月第 1 次印刷
书　　号：ISBN 978-7-5178-4412-9
定　　价：48.00 元

前　言

　　乍浦，坐落东海之滨，地处吴根越角，置镇千年，为江浙门户、海滨重镇，历史古老，文明悠远。九龙一脉，依山傍海，聚天象之蔚雄、地理之形胜，集山、海、港与田园于一体，钟灵毓秀，人杰地灵。历代硕彦耆儒、大师名家，辈出满堂，于各领域立德立功立言，业有建树，事多大成，令美誉鹊起、遐迩闻名，流传至今。有为政有道者陆绩、韦逢甲，书画金石家朱瑞、陈巨来，才女作家林淑华，布衣词人许白凤，数学天才张益唐，学者李天植、葛渭君，名士徐清扬、徐调孚等。历历数来，群英荟萃，蔚为大观。

　　中华人民共和国成立以来，乍浦更在科技领域屡出人才，独领风骚。区区一镇，竟有 4 位科学大家，荣入院士之列。

　　科技乃国之利器，社会发展、时代进步、国家强盛、民生幸福皆赖于此。科技之关键在于人才，两院院士，学术之最高荣誉，成就之最高境界，是国家科学发展之冲锋者与领跑者。4 位院士，科学工程，各擅胜场，各为翘楚：

邹元爔：拼搏坚持，锐意创新，致力化学冶金与半导体材料研究；

邹　竞：巾帼不让须眉，填补国内军民感光材料多个空白；

陈毓川：用脚丈量大地，用心探寻矿藏；

葛昌纯：家学渊源，刻苦钻研，"材料报国，追求第一"。

院士，是事业的巅峰，是人生追求的目标，是家乡故土的荣耀，更是一代代乍浦人建功立业、科技报国的航标导向与力量源泉。

本土学者全星月、陈正其诸君倾力编著《乍浦四院士》一书，旨在让后人进一步了解各位院士的成长成才之路，进一步了解他们为国家为民族为科学所做出的杰出贡献，以激励家乡儿女热爱知识、崇尚科学的内在热情，学习院士们科技报国的人格魅力，见贤思齐、不断上进，成为国家栋梁之材。同时，为乍浦经济科学的振兴和文明的发展提供不可或缺的思想资源和精神动力。

中共嘉兴市委嘉兴港区（综合保税区）开发建设工作委员会

嘉兴港区（综合保税区）开发建设管理委员会

2020 年 12 月 12 日

目 录

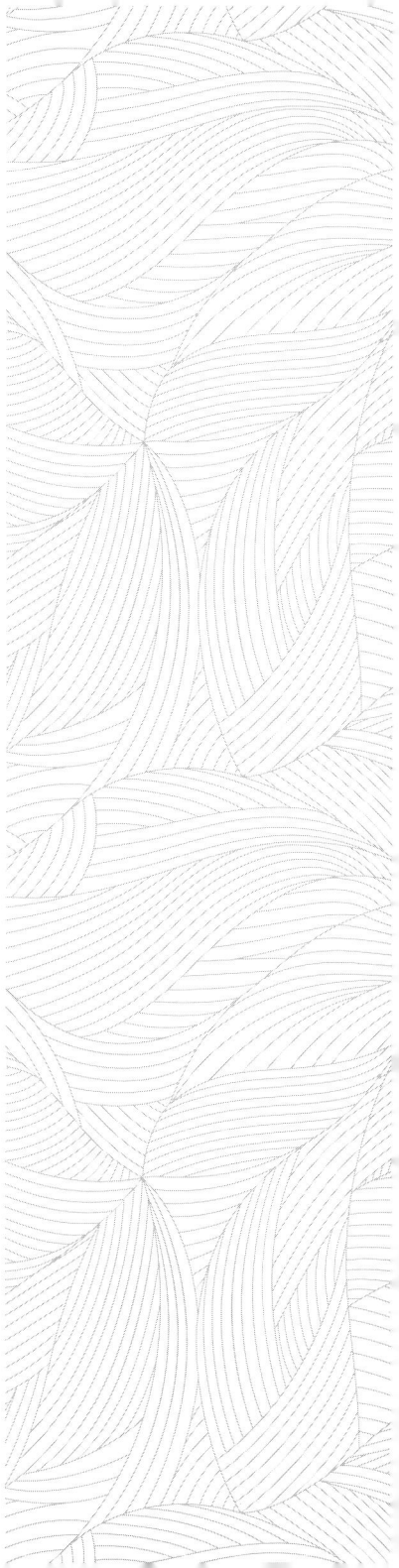

邹元爔

冶金专家

第一章

清寒出才俊　爱国传家风

邹元爔，是享誉海内外的冶金物理化学和半导体材料专家。中国科学院学部委员、院士。1943 年在全国考选中以特优成绩留学美国匹兹堡的卡内基理工学院，获冶金科学博士学位。

邹元爔院士在我国冶金科学领域堪称权威，其最大贡献有三：一是冶金新工艺的重要开拓者；二是冶金物理化学活度理论研究的先驱；三是率先创造出我国独特的提取"稀土"的方法，并引导开采。稀土的产业化使国家获得巨大经济效益和战略价值。

邹元爔回国后任浙江大学教授两年。随同竺可桢（主持筹备工作的中国科学院副院长）考察东北国防工业基地。随后被委任中国科学院工学实验馆研究室主任，实验馆改组为冶金研究所。

翻阅邹元爔院士的履历，你定会惊讶一个人竟能取得如此多有分量的成就。他先后担任冶金研究所副所长、所长、名誉所长，中国科学院学部委员、院士；当选第三届全国人大代表；第五、六届全国政协委员；受国务院聘任为学位委员会评议委员，在国家颁布的"中国第一批博士生导师名单"中位居前列；参与创办上海科技大学，任校务委员兼冶金系的系主任。直至临终，他从未停止科研、科教、社会活动等工作。

邹元燨院士一生共获得国家级科学大奖 8 项，包括国家自然科学奖 3 项，国家科技进步奖、国家创造发明奖、国家工业新产品奖、国家工业发明奖以及中国科学院自然科学一等奖各 1 项。后被国内外学术界公认为"较完整的 EL2 缺陷模型的创造者"，并且这一成果被命名为"邹氏模型"。邹元燨院士先后两次荣获"全国先进工作者"称号，并被评为科学院系统的优秀共产党员。

邹元燨院士生前著有科学论文 180 余篇，一部分发表在国内权威性的科学刊物上，一部分直接用英文发表在国际有影响力的科技专业刊物上。这些论文已由冶金研究所（现称中科院上海微系统与信息技术研究所）结集为《邹元燨论文集》，供后来学者学习。此外，另有与美国友人合著的《半导体及半金属》一书出版于美国。

现我国稀土的采掘、加工、研发、应用、出口量，以及拥有的相关知识产权均持续保持着世界领先地位。因此，人称邹元燨"功在当代，利在千秋"。同时，在鉴别半导体材料方面，"邹氏模型"依旧保持着生命力。另外，中科院上海微系统与信息技术研究所对已故前所长邹元爔制定的科研方向沿用未变，将继续传承邹元爔与时俱进的遗风。

先贤之伟绩，后人当铭记。邹元爔院士辞世后，科学院特批在他工作过的地方营建一座纪念楼，用他的名字命名为"元爔楼"，以旌其功。在先生的故乡浙江乍浦，人们也以元爔的业绩和崇高声望为荣。2019 年，在乍浦镇半爿街原邹氏祠堂附近建"元爔亭"，以兹纪念。

邹氏本来是古镇乍浦的望族，300 年前邹氏从山东南迁到乍浦，始祖最初凭刻苦创业经营工商起家，历来传承古训，世称来自山东孔孟之乡"儒风邹城"，后裔不论贫富都奉行读书好礼。

邹元爔是山东邹氏南迁到乍浦后的第八世后代。上溯其四世祖九思，师从益昆仲。整理先人遗留的诗文结集成《薇园诗草》，自己还著有《香坡剩草》。五世祖邹璟科举有成，入资"州同"，又以个人之力修纂地方志《乍浦备志》，他的兄弟琦、瑚、蹼都鼎力赞助，并且合力修订家谱、传家训、建祠堂、办家塾。六世祖瀛卿从小体弱多病，又逢鸦片战争和太平天国运动，两次逃避兵灾。多年的流亡生涯，让其与族人苦不堪言，颠沛流离。战后返乡见家业荡尽，族内各房子弟的处境也都是自顾不暇、无所依托。好在遇到世交葛氏，其在平湖城中保留着没被烧毁的宅院，于是邹瀛卿借了两椽旧房，才栖身成婚，生下两个儿子，即元爔的父亲邹宏宾及叔叔邹向泉。

　　祖父邹瀛卿寒窗苦读，学业大有长进，中秀才的时候名列前茅，被葛氏尊为诗友，深受时人的恭敬仰望，可惜英年早逝，离世时长子邹宏宾才9岁。两代都孤寒，十分贫困，单凭祖祠有限的周济，难免捉襟见肘，生活艰难。幸好邹瀛卿的夫人徐氏同样出自诗礼之家，知书达理、刻苦持家，教导儿子苦读经书。邹宏宾在良母的教养下，"诲尔谆谆，朝夕纳诲"，不仅聪慧好学，而且勤奋努力，少年入庠序就成绩出众，崭露头角。戊戌变法前后，废除科举、兴办学校已成大势所趋。邹宏宾深知科举早已是明日黄花，决意投身新学。正好浙江当局举办官费留学考试，虽然名额不多，但因为邹宏宾先有准备，应试得以顺利入选，被派往日本，考进早稻田大学，选修博物系，本科毕业后继续读研究生，获得了硕士学位。"博物"，包括动物、植物和矿物。鉴于我国地大物博、资源丰富，他希望学成归国后能从事资源开发。当时留学日本的中国学生人数不少，而真正认真攻读、获取学位者并不很多。邹宏宾专心求学，坚持了7年，终于摘取了名校的高学位。

　　在日本留学期间，和他往来最密的朋友是嘉兴新篁人陈以义（陈仲权）。陈以义后来成为"南湖七烈士"之一。邹宏宾通过陈以义介绍加入孙中山先生领导的同盟会，从而结识了陈英士、戴季陶、褚辅成、陶成章，受到革命的思想熏陶。

　　邹宏宾于清末学成归国后，在省城杭州立足，看见国家依旧闭塞，所学知识难以发挥作用。为了求取社会的开明，他认为首要的任务就是普及教育，于是便投身教育。在杭州筹办起一所师资讲习所，自己担任所长，又邀请了几位留日的同学以及本地开明的学者来任教。学生几经扩招，都是各县闻风而来的，渐渐初具规模，因此讲习所培养出一大批初等学校的教师。讲习所成为浙江省早期师范学校的前身，推动了地方教育的普及。故乡乍浦有一个名叫伊隐的樵夫，便是从那里学成归来，后在家乡担任乍浦中心小学校长的。十年树木，百年树人。邹宏宾泽被众生，在家更是教子有方，培养出一代科学巨匠——邹元燨。

孙中山先生领导的民主革命曾把日本作为发展同盟会的重要基地，陈英士等注重吸纳爱国的留日学生，时值浙江省派出第一批官费生之际，他们首先发展的就是陈以义。在东渡日本的船上，邹宏宾与陈以义的床位相近，互相寒暄后，了解彼此身世相仿。志趣相投，而且家乡嘉兴乍浦与新篁相距不远，是"嘉属同乡"，乡言亲切，口音相同，乡土人情均相近，使得两人一见如故，相约今后"同舟共济"。果然，旅日期间两人相互扶持，友谊日渐深厚。加入同盟会后更由朋友发展为同志，关系进一步密切。几十年后邹宏宾怀念故人题七绝20首当中，便有"眼枯无泪合题诗"的句子，足见两人平生友谊之深厚。

两人性格稍有差异。陈以义性格较外向，能言善道，交游广泛，办事有胆识，很快受到孙中山和陈英士的器重。相对而言，邹宏宾性格内向，用功读书，课余才参加社会活动，内心虽也爱国，愿为革命尽一份绵薄之力，但性格所致，他很少发表慷慨激昂的言论，所以为人低调谦逊。他的一些见解和想法，大多通过陈以义得以传播。邹宏宾回国后，原打算做一名学者或者教育工作者，但在国家兴革之际，大义凛然，挺身而出。他经常接受陈以义的重托参与革命活动，辛亥革命前后和"二次革命"中，他都表现出了视死如归的献身精神，把所办师资讲习所提供给组织作为隐蔽活动场所，甚至率同家人一起参与秘密运送武器的行动，置个人生命于度外。

陈以义见邹宏宾忠实可靠，便把胞妹陈瑛嫁给了他。此后，伉俪一起接受爱国教育，参加革命活动。夫妻俩先后生下邹元辉、邹元爔、邹元耀3个儿子，在这样有教养且富有爱国情操的家庭里，养育培植出来的孩子，自然更容易成长为国之栋梁。

只可惜陈以义在"二次革命"失败后，遭袁世凯派人暗杀，陈英士也相继被刺，民主革命受到重大挫折。一时组织奔散，邹宏宾夫妇被迫隐蔽家乡，与战友们失去联系，唯有借诗酒围棋自娱自乐，在家亲自教育3个儿子。长子邹元辉和次子邹元爔正处于成长期，受益匪浅，学习基础扎实。所以邹元辉、邹元爔从小学起到大学，在各自的班级里学习成绩始终保持第一。民国时期，全校各级考试成绩大多在学期终了时张榜公布，升学考试和奖学金考试名次尤须登报公布。邹元辉与邹元爔两兄弟通常在各自的榜栏中名列榜首，人们称赞他们为"双凤"。

　　袁世凯"称帝"败亡后，邹宏宾才离家出仕。可惜世道未清，正人君子，难获大授，沉沦于中层杂务，历任吉林省教育厅视导、中央教育部秘书、陇海铁路局秘书。1925 年母之丁忧返家，看见孩子们已渐长成，更加关注他们的学习，引导他们的创意思维，便于日后投身工业，课外辅导诗赋，父子吟诗作对联，尽情享受天伦之乐。此后就近在杭州教书，先后任省立工业专科学校和浙江大学教授，嗣调浙江省教育厅科长、省建设厅视察、杭州市政府秘书、交通部航政局秘书，还代理过一任省公路局局长，主持修建过几条公路，办了好多实事。这期间邹元辉和邹元爔也跟着在杭州求学，读的都是名校，先上杭高，继上浙大。困难的是五口之家仅靠邹宏宾一个人的工资过活，还要同时供读两名大学生，常常入不敷出。邹元爔为减轻家庭负担，决定争取上海一年一度的"味精大王"吴蕴初奖学金。吴蕴初自身少时家贫，未能上大学，经过自学成才，发明味精后致富。因受日本商人打压，依赖国人支持，从而激发了他爱国爱才的思想，所以特斥资设立"吴蕴初奖学金"，不限地域，面向全国，选拔高中毕业的优秀生，选拔出的人可全额领取升大学的费用。面对来自全国各地的优秀人才，其竞争难度可想而知。而邹元爔竟然一举夺冠，接受吴蕴初的亲自颁奖。接着邹元爔又以高分考上了浙江大学，捷报连连。1937 年 7 月，邹元爔毕业于浙大化工系，正值抗战全面爆发，随父亲任职资源委员会支援抗敌。从南京分部内迁至长沙、重庆、昆明、贵阳。邹宏宾任职资委会运务处后勤组；邹元爔则在资委会下属的炼铜厂、钢厂从事技术工作；邹元辉、邹元耀在公路工程部门工作，全家人直接或间接为抗日战争服务。邹元耀在战火临近工地时参军入伍，参与过大会战。邹宏宾坚持艰苦工作，积劳成疾，病逝于工作岗位上，年仅63岁。邹元辉一直在浙东前线抗日，直到抗战取得最后胜利，奉命去中国台湾接管日本在台北的公路局及其下属的日产。为谋战后复兴，邹元爔则在战时被派去美国钢铁基地卡内基攻读冶金科学博士学位，并顺利完成学业，圆满完成了任务。满门忠烈，齐心报国，实乃家族爱国尽忠的典范。

邹元爔从青年时代起就立志报效祖国。但归国时战事方殷，

没有机会投入有序的社会建设中。建设中恩师竺可桢嘱咐他切勿急躁，先回母校浙大任教授，以此回报母校栽培之恩，然后等待时机投身建设，报效国家。

邹元爔在浙大任教的时间不长，就被调往更重要的科研岗位，而他给母校留下的影响却不小，原因是他平易近人，视野宽阔深邃，常常把深奥的理论讲得通俗易懂，教学内容又切合国家建设实际。他在化工系开讲"冶金学"，自编教材，由浅入深，联系实践，新颖实用。50届化工系学生蒋新元在《难忘邹元爔老师》纪念文章中记述初次听邹老师讲课时说："领导陪同邹老师走进教室并做介绍：'他官费留美获博士后，得芝加哥一家冶金公司任职机会，他放弃了优厚的薪金待遇，决心回国参加新中国建设，是一位爱国的科学家。'他却自称是'浙大化工系的老学生，希望有助于了解金属产品在国家建设中的重要性。'邹老师儒雅的仪表和亲切的发言，一下子就缩短了师生间的距离。邹老师的'冶金学'，不但讲授了钢、铁冶金，还介绍了国家建设中急需的金属材料。我们第一次听到'金属材料学'这个新名词，而他准备接着专开一门'金属材料学'。由于我对邹老师的课程深感兴趣，后来就要求毕业后分配到中科院上海冶金研究所跟随邹老师从事科研工作，亦步亦趋，从实习生直到研究员，追随30多年，受惠终生。"

20世纪80年代邹元爔的侄子邹身城到浙大任教，遇见两位当年受业于邹元爔的同事，他们都异口同声赞扬邹老师的博学与师德，说他是那时最年轻最优秀的教授之一。邹元燨调离杭州以后，还曾应邀返母校做短期演讲，备受欢迎。至今浙大校内所设的"院士展厅"里还展示着邹元燨的照片和资料，不少校友观瞻之余，常常忆念邹元燨的音容笑貌。对于未曾亲眼见过邹元燨面的青年学生来说，这也能激发他们热爱科学、科技报国的热情。

邹元燨生平有一段鲜为人知的插曲——中华人民共和国成立前后，百废待举，国防工业的科研提上议事日程，金属冶炼势将列入重点项目。作为冶金材料方面的专家，自然能有所用。有一天邹元燨突然收到一份由朱德署名聘请他担任"人民革命军事委员会顾问"的聘书。当时邹身城先生初到杭州在浙江省干部学校学习，星期天常去邹元燨住处吃饭，邹元燨取出聘书给邹身城看时，神情非常激动。不过不久后国防科研工作划给中国科学院，人民革命军事委员会相应改组，邹元燨虽然得到了这一聘书，实际并未到职，但直接接受中央点名的殊荣，还是令他感奋不已。"士为知己者死"，邹元燨从此一心报效祖国、矢志不渝，他开拓冶金新工艺和首创提取"稀土"的独特、崭新工艺服务于国防工业的原动力，由此产生。

邹元燨在进入中科院上海冶金所之前，以工学实验馆为基地。根据国家迫切需要，成功研发球墨铸铁来改善铁的性能，弥补了部分科研的缺口。在研究球墨铸铁时探索了加镁的方法，探明合金元素和热处理对球墨铸铁金相结构和机械性能的影响，及其在铸件上的应用，大大改善了球墨铸铁的功能。这项成果获得了国内第一次颁发的国家自然科学奖。由于是第一次评奖，极其隆重而严格，少量的一、二等奖的获奖者都是著名大科学家，如钱三强、华罗庚、苏步青等前辈。由于邹元燨的研究成果实用价值大，而且试验成功时，他只是一个三十出头的青年科技工作者，所以尤其引人注目。尽管只获得三等奖，也可谓初战告捷。

　　1953 年国家急需开发内蒙古白云鄂博铁矿，以备条件成熟时创建包头钢铁公司，但是该铁矿石中含有大量萤石和稀土元素，十分罕见，其中高炉冶铁在世界炼铁史上尚未有成熟的经验，是一项开拓性的任务。中科院"两矿领导小组"组长周仁任命邹元燨为研究该矿的技术总负责人。在周仁的组织引导和亲自参加下，邹元燨率领徐元森等科技人员迅速建立一座试验小高炉，一面进行实验室试验，一面进行小高炉冶炼试验，系统地研究了氟在高炉冶炼中的行为。了解了氟对高炉型炉渣的物理化学性能的影响和氟在高炉冶炼过程中的变化和分布规律；摸清了含氟炉渣对高炉冶炼的影响及其对不同耐火材料的侵蚀情况，从而提出了白云鄂博铁矿的造渣制度和提高冶炼强度的方案。因为包钢炼铁高炉、炉缸和炉身采用高铝砖和铝镁砖，这些材料在高氟炉渣中都会很快被侵蚀，极易发生重大事故，邹元燨和周仁等建议改用碳砖。由于此事重大，必须请示中央冶金部。

　　但是，当时的上级领导部门不接受创造性的科研成果，拒绝任何改动。由于包钢原先是由苏联专家组设计的，所以当邹元燨率助手刘翔声到北京向冶金工业部汇报研究成果并提出包钢炉缸改用碳砖的建议时，听取汇报的冶金工业部领导勃然大怒，指责说："这种建议是荒唐的，从没有听说苏联的大高炉用碳砖。你们从美国回来的学者就是喜欢迷信资产阶级那一套！"蛮不讲理地将此事上升到政治高度，把邹元燨气得脸色发白，据理力争也毫无效果。但创新的科学毕竟是真理，科学无国界，经过与苏联专家交流磋商，终于达成共识，苏联科学院副院长巴尔金院士表态支持邹元燨等的科研成果和包钢炉缸耐火砖改用碳砖的建议，走上讲台向邹元燨致贺说："中国科学家在这方面走在我们的前面。"中科院为此盛赞邹元燨的这项科研成果为当时"世界上独一无二之开拓性工作"。

第二章

中东有石油　中国有稀土

在中国第一届稀土研究大会上，主持大会的方毅副总理引用邓小平同志的话阐述："中东有石油，中国有稀土"，把中国开发稀土比作中东开发石油，同样富有经济价值和战略意义，指出邹元燨院士最早从事开创性工作，功不可没。全场热烈鼓掌，邹元燨微笑起立，拱手致意。这的确是一项功在当代、利在千秋的重大创举。

在参与创建包钢过程的同时，邹元燨等还发明了从炉渣中提取硅铁稀土合金的工艺，首倡开拓"稀土"。邹元燨基于平素积累的渊博的冶金物理化学学术理论，率先提出了将硅铁合金物还原到硅铁中，从而制成硅铁稀土合金的工艺，称为"火法冶炼提取稀土元素"。他用这种方法挖掘到第一桶"稀土真金"，意义十分重大，而初时并不受人注意。之后随着有关技术的逐步改进和稀土产量的不断提高，以及稀土应用面的不断推广，单一稀土元素的获得也促进了它的应用研究的发展，稀土终于成为重要战略物资。

冰冻三尺，非一日之寒。这项成就的取得，不可能也不会是只靠一人之力，但最早发明其提取工艺和首倡其应用研究的功绩，则不能不归于邹元爔。一开始，只有他敏锐地注意到了稀土的回收工作其实大有可为，他当即安排下属的"副产电解锰小组"，充实人员，扩大成专业性的"稀土组"，逐步开展混合稀土元素的回收工作，然后进行分离和制取单稀土金属的工作。混合稀土回收的第一步是开尾矿，将混合稀土氧化物分离出来，尽可能地提高其纯度；第二步是用离子交换法将纯混合稀土分离出来。为此邹元爔组织领导建立灯工室，进而制造了成套的离子交换设备，再调来化学方面技术人员配合，促成轻稀土铈、镧、镨、钕等元素的分离，如此，就有了单个稀土金属制取的条件。随后用熔融盐电解法制取金属铈，用还原法制取金属镧，相继实验完成。邹元爔的这一系列发明主要靠他平素积累的深厚科学根底，他用历练成的敏锐的逻辑思维，坚持不懈地进行研究、探索，达成总目标：炼出更好的金属，回收稀土。邹元爔深刻意识到，只有研究出系统的提炼方式和成果，才有可能由冶金部将此研究成果分配给有关工厂推广生产，才能最后让邓小平同志向海内外自豪地宣示："中东有石油，中国有稀土。"

对于稀土，邹元爔有着远见。从发现稀土回收的 20 世纪 50 年代中期起，建立"稀土研究组"，初时全组仅有 2—3 人参与工作，后来逐渐发展至 20—30 人，分工有序，成效显著，至 20 世纪 60 年代中后期，前后持续研究达 10 余年。中科院见稀土研究告一段落，接下去须全面投入生产，才转由包钢等钢铁公司建立稀土生产工业中心。1965 年，邹元爔的稀土研究成果被授予国家创造发明二等奖，其战略价值无法估量。

稀土金属适用于众多生产领域，如电池、智能手机等众多高科技产品。在邹元爔首倡开发稀土的基础上，国家后来逐步予以重视，对人力物力的投入不断增加。20 世纪 70 年代后稀土元素功能材料的发展取得了惊人的成就，稀土磁性材料、发光材料、催化剂、合金钢等全面得以开拓。特别值得一提的是，我国南方离子吸附型重稀土矿的发现和大量开采，推动我国成为世界"稀土大国"。由于许多工业部门，包括国防工业部门等都离不开稀土材料，稀土在国家建设和国际贸易中的地位日趋重要，已成为新世纪高科技功能材料的宝库和国家的战略性元素。随着高科技的迅猛发展，各种稀土元素的用途必然越来越广泛，更加有助于国家整体产业的持续发展。

20 世纪 50 年代，中国几乎没有人知道"稀土"之名，更不可能了解在自己的脚下就有无数这样的宝藏，一旦开发出来，足以富国强兵。1954 年，邹元爔率先在全国筹建稀土研究小组，凭借一腔爱国热忱，为我国奠定了稀土产业的基础。我国进而成为"稀土大国"，并以此作为重要战略资源，为雄视世界打下了扎实的基础。

《参考消息》于2019年3月21日第15版《观察中国》栏，转载美国科学家詹姆斯·肯尼迪发表在美国《国防》月刊当年第3期上的文章《中国巩固稀土加工主导权》，盛赞中国改革开放后在工商科技和武器系统方面的超速发展，认为："中国的进步在很大程度上基于其在稀土资源的研发精炼和生产、冶金、材料科学，知识产权及商业与国防应用方面获取世界领先地位。"并说："稀土是元素周期表上的17种罕见的元素，却是目前现代技术和武器系统的重要组成部分。而这些元素在提炼为金属之前并无重大的技术含量或防务应用价值；一般国家仅仅对其停留于原始开采阶段而不会应用，只有中国具有深入研究加工提炼为稀土金属、合金、磁铁和其他高价值材料的能力。"

这席议论印证了邓小平和方毅在20世纪80年代中国第一届稀土研究大会上所自豪宣示的："中东有石油，中国有稀土。"

改革开放后的20世纪80年代，国家在这方面投入大量人力物力，推动我国成为"稀土大国"。适逢此时，美国的稀土供应链开始受挫，逐渐对中国的供应产生依赖。由邹元爔开创的稀土加工研究蔚为风气，截至2018年8月，中国累计稀土专利申请量远大于全世界其他国家的总和，比美国多出2.3万余件。为此，身为美国钍与稀土元素咨询总裁的詹姆斯·肯尼迪怀着钦佩，撰写了这篇文章。邹身城先生读后联想到先叔邹元爔院士在 20 世纪立下的丰功伟绩，不禁感慨万千。

邹元爔院士首倡研究并发明精炼稀土金属、合金、磁铁工艺，开发稀土，慧眼独具，使中国在国际上的地位得以提升，极具战略价值，堪称当代对祖国贡献最大的爱国科学家之一。

中国科学院资深研究员，当年跟随邹元爔开发稀土的得力助手管丽民回忆邹元爔领导下的稀土研究工作时提到：包头铁矿的开发是我国第一个五年计划的重大项目，是中苏合作项目，也是我国多个院校共同合作研究的大项目。中国科学院上海冶金研究所承担了包头铁矿高炉冶炼的研究和包头铁矿中提取冶炼稀土元素的研究。

邹元爔院士担任这两方面研究的领导。在他的卓越指导下，这两项工作都取得了辉煌成果，分别获得了自然科学研究三等奖和国家发明二等奖。

硅铁稀土合金具有良好的脱氧脱硫效果，是生产球化剂、蠕化剂、孕育剂的基础材料。包钢每年大量生产各种硅铁稀土合金，将其在各种钢铁生产中作为添加剂、合金剂使用。硅铁稀土合金还是军工生产武器和车辆不可或缺的材料。邹先生所提的从高炉渣中还原取得稀土合金的方法一直沿用至今，是我国独特的提取稀土的方法，获得了极大的经济效益。

　　稀土元素在包头铁矿的尾砂中含量为 2%—3%，经过选矿后才适合冶炼。但当时选矿技术尚不成熟（直到 20 世纪 70—80 年代浮选技术过关后才有稀土含量高达 50% 以上的稀土精矿）。我国只能选择用同属轻稀土矿的独居石矿（其中单一稀土元素分布基和包头氟碳铈镧矿基本接近）作为替代来进行稀土冶炼和分离的研究。从 1957 年开始，我国用有机溶剂萃取法和离子交换法研究稀土元素分离，于 1958 年以离子交换法获得了镧、铈、镨、钕单一稀土元素，用化学分离法获得了钐和钇单一稀土元素。

　　之后，又运用硫酸焙烧浸出法制得混合稀土硫酸稀土复盐，然后制成氯化稀土，再用电解法制备成混合稀土金属。这个流程在跃龙化工厂得以推广。

　　中国科学院上海冶金研究所在 1954 年只有 2—3 人参与稀土研究的课题，发展到 20 世纪 60 年代，形成了 20—30 人的研究队伍，研究范围从矿物冶炼到单一稀土元素的分离、分析为稀土金属、合金的制备，再到稀土功能材料的研制。这支队伍在邹元燨先生的领导下成为我国稀土元素研究和稀工金属生产的领军团队，对稀土研究和生产做出了巨大的开创性贡献。邹元燨是我国稀土开采、研究、加工行业当之无愧的奠基人，他所有研发成果大多在工厂推广生产，并被他写入历次工作报告（由于工作的保密性，并未公开发表）。后来这支队伍逐步随着中国科学院上海冶金研究所研究方向的奉命转移而分散进入其他研究领域。

我国稀土事业的发展在 20 世纪 60 年代之后进入快车道。首先，在包头建立了较完整的稀土生产工业体系，稀土元素分离技术的发展实现了单一稀土元素的生产，而单一稀土元素的获得又促进了它的应用研究的发展。到了 20 世纪 70 年代，稀土金属功能材料的发展又取得了惊人的成就——稀土磁性材料、发光材料、催化剂、合金钢等。如今我国稀土产业在世界的储量、生产、销售、用量方面占了 4 个第一。稀土材料已成为新世纪高科技功能材料的宝库。面对此情此景，不得不感慨邹元爔院士的深谋远虑，他一直坚持在学界呼吁：要主导极具战略意义的中国稀土加工，在国际上拥有主导权。

邹元爔院士对国家做出的伟大贡献，还有一个与众不同之处，那就是他并不停留于单一科研项目的研究，局限于短时期的效益，而是展望未来，融入世界潮流，探索国家建设与防务的紧迫需要，兼顾到后续发展的系统性、长效性及战略性。他多次获得国家的三大奖——自然科学奖、科技进步奖和发明创造奖，他率先为国家探索出如何获取稀土金属、合金、磁铁的系统开发途径，引导有关生产部门协同投入产业化，并为后来者铺平了前进道路。

稀土研究活动之所以能创建成高精尖伟业，并非出于偶然，而是邹元爔院士一心致力于中国国防事业的科学理念所致，也是他最初投身科学事业时形成的理念所致。青年时他从海外留学回国的第一项工作是在浙江大学化工系教"冶金学"。当时人们只专注于冶铁炼钢。而他却向学生热情地介绍了国家今后建设中需要的许多金属材料，包括"稀有金属"这个人们闻所未闻的新名词。他勉励学生不但要学好"冶金学"，还应学习"金属材料学"，以后为国家生产出更多优质金属。这批学生中后来涌现出不少优秀的科技人才，他们用学到的知识，报效祖国，不辜负师长的殷殷期望和谆谆教诲。

兢兢业业，任劳任怨。邹元爔在调入中国科学院上海冶金陶瓷研究所后，辛勤耕耘35年，由研究室主任升任研究所副所长，直至所长、学部委员。在这过程中，他始终关注国内外同行的经验交流和国际科技的发展动向；注重跨学科的相融研究和协作交流。他先后在上海主持过3个全国性的学术会议，包括全国第一届冶金全过程物理化学学术会议、全国第一届纯金属元素提纯学术会议、全国第一届砷化镓及其有关化合物半导体学术会议。他获得了同行公认的"冶金新工艺开拓者"称号。由于创新了中国冶金物理化学活度理论，冶金陶瓷研究所从而被调整为冶金研究所，后又称为冶金半导体研究所。他身为所长，还兼半导体研究室主任，他按照国家发展大趋势，及时把研究所研究重点移向半导体材料。与此同时，他又重视微电子学。他在身前确定了研究所的三大科研方向——功能材料、微电子学和金属腐蚀及防腐。这些方向数十年未变，而研究所名称随着信息时代的到来而改名为中科院上海微系统与信息技术研究所。

第三章

大爱育真情　丹心铸诗魂

　　诗词是心性的艺术精品，其灵魂在于用真挚的感情抒发内心的生活感受。人非草木，有血有肉，有喜怒哀乐。工作与生活间歇，有时会驰骋文化想象、艺术激情，有诗词素养者更易诗心萌动。邹元燨作为"诗人科学家"，有其独特的风采。他自小受家教熏陶，学诗爱诗，积累起丰厚的韵律造诣和高洁的离辞骚情，以至其平时填词赋诗为生活常态，随处触景生情，便有诗句喷涌而出，或反映时代的侧影，或抒发内心感受。而且，韵律之间偶露乡音，仿佛清澈水波在当湖荡漾，隐含故土情调；也流露沪杭社会情趣，显现一片赤子之心。虽属案头自我倾诉，也足以供他人共享心声，成为他毕生事业的特别留影。诗如其人明心迹，留下不少动人之作，他不但在科海击水意气方遒，也将真善美及诗礼传承于后世。

作为"诗人科学家"的邹元爔院士热爱家乡、热爱亲友、热爱科学，富有激情和人情味。一路走来，他写下诗词无数，尽管散佚不少，但搜集其尚留存的诗作，亦有近 500 首。以此可研究其人生，窥探其诗情。

本书仅选其部分诗词，列为表述院士风采的第三部分，内容包括心忧家国天下、与国共安危、哀歌同盟国、胸怀苍生黎民、一颗红心与民同疾苦、乱世求学绕道行万里、学成赋"归去"、性情表白、至亲记心间、深交不忘情、重访美利坚、结交"老大哥"、和伟人的原韵等 10 多组小类，由"巨笔书爱恨"及"丹心铸诗魂"两大部分构成，大致按其生活阅历为序，兼顾胸襟心怀，旨在透露诗人的心路及成长历程的精神面貌。

古代读书人少，世代读书人家被称为"诗礼之家"。诗与礼并称，学作诗须先学做人。儒家传统"温柔敦厚，诗教也"。诗人不但应该仪态温文尔雅，而且心性也须富有修养。邹元爔从小在诗人父亲邹宏宾的言传身教下修身养性，温良恭俭让，课余也习对、炼句、学韵律，陶冶诗词情趣。他熟悉格律诗的吟咏唱和。父亲教导他：吟诗贵在内含真挚的感情、深刻的思想、丰富的想象力；取材来自社会生活，切勿无病呻吟。他正是这样，像在学校上课一般对待学诗。其奇才诗情醇浓，得益于鲤庭浓厚的熏陶，他一生将爱恨书写于巨笔之下。平时下课回家，父子论道谈诗，书斋庭前，启示人生，影响深远。直到学业有成犹缅怀儿时"桂子梅花放满枝，鲤庭趋对忆儿时，萧斋曾哂春风句，窗课当吟夏雨诗"。父子亦师生，亲情加诗情，和谐温馨。抗战千里流亡，尚自责学诗成就不大："学工尚未成，学诗亦无得。"虽为奇才，治学态度谦逊。战时旅途惊险，父子同行尝作诗自娱。

邹宏宾曾题诗七律：

渡 沅 水
纪念伟大诗人屈原

终古盈盈沅水清，照人心迹可分明。

幽篁涕泪怀湘女，香草离骚吊屈平。

挟怒东流高有浪，载愁南渡重无声。

兰皋马步今修道，岸外青山半棘荆。

邹元爔随即和上一首，用一行小字附注"次家大人原韵"：

一脉西来万里清，江蓠沅芷照分明。

离骚旧恨流无尽，羁旅新愁路不平。

望里云山浓雾气，渡头杨柳闹秋色。

驱车又发湘黔道，落日荒村感棘荆。

20 年间，邹宏宾、邹元燨父子相和的诗作不少，可惜离乱中大多散佚，留存的不多。不过从残留之诗作中也可看出邹元燨学诗之勤、研诗之深。但是他出国留学期间，整天讲的是美式英语，看的是外国文献，用的大多是工业术语，听到的尽是闹哄哄的机械声，诗情几乎被干扰殆尽。加之学习、研究、生产、实验、赶写博士论文，生活节奏特别快，有时几乎要争分夺秒，早先浅唱低吟的情趣几乎一扫而光。但邹元燨毕竟出身于诗礼之家，思亲恋乡爱国之激情有时仍会在心头澎湃涌动，虽然无人倾诉，也可流泻笔底，吟咏成诗，依然情真意切，韵味无穷。本书提及的《卡内基大学博士及第》《旅美四年书感》《哭父三律》等名篇，均反映出，他学诗荒废四五年后功力并未减退。陋室孤吟，心境低沉，域外万里，别种情景，而格律诗的魅力光芒还在。身处美国，无人领会；带回国内，人多欣赏。族人亲人读到，无不感动落泪，或深受启迪。

诗人写诗时，韵律有助于抒情，而思想品位之高雅与人性情之真挚，则是诗歌的灵魂。大家认可邹元燨，原因在于他不但具有科学家的严谨逻辑思维，而且心性真诚、人情味重、为人温厚、生活多灵气、浪漫而有度。他从小养成了这种气质，成长后治学作诗多结成正果。邹身城先生自小与之相处，对他颇为熟悉。若论辈分，他应称邹元燨为叔，虽然他仅比邹元燨小 12 岁。由于生活接触频繁，他知道邹元燨平时待人谦和有礼，心性使然；处事灵活，助人为乐。据邹身城先生回忆，邹元爔的诗作中表现家族情谊深浓的颇多。

1937 年是载入史册的大灾难年头，七七事变前后，邹元爔正巧从浙大毕业在家乡小住，邹身城陪邹元爔去祠堂祭祖后，去海滨观景。闻有日舰在杭州湾口出没，镇上人心惶惶。但邹元爔态度沉着，拍拍侄子穿着的童子军装校服，启示邹身城说：你弟妹众多，身为兄长，遇乱别慌，要"勇于担当"。那时邹身城才 10 岁，这句教导令他终生难忘。后来家中不幸遭难，邹身城不忘教诲，牢记"担当"，重建家业。

"八一三"淞沪事变，战火逼近家乡，万一敌寇登陆，港口小镇势将玉石俱焚。邹元爔对邹身城一家安危关切，劝说他们临时迁离海防第一线，先移居平湖县城里他的寓处；下一步还可移住到新篁乡镇他的外婆家（辛亥烈士陈以义故居），以免遭敌机轰炸，又避开敌军进攻的交通线。大家听从他的合理建议，但一家十几口挤进他家，自然给他家添了不少麻烦。譬如有一天，邹身城 5 岁的弟弟如璟去后门水埠头玩水，跌进深水河里，女用惊惶呼救，束手无策，邹元爔温文而有胆量，未脱衣服奋身一跃，把如璟及时救上来。

不久，邹宏宾奉命从杭州调南京，准备率资源委员会运输处向内地撤退，邹元爔受命奉母随行，于是与他们匆促告别。谁知战争打了多年，邹宏宾叔祖公战时客死贵阳。战后两年邹元爔回国才亲赴重庆接回老母，又去贵阳找到邹宏宾叔祖公墓，并迁坟移葬，回归故乡。

一别多年，人事大变。邹身城得悉他进浙江大学任教，致书问候，开头一句是"浮云一别，流水十年"。见面时邹元爔赞邹身城巧用古人诗句入信（原诗是"浮云一别后，流水十年间"），并抚摩着邹身城的肩膀爱抚地说："当年的'童子军'竟然长大成人了。"（"童子军装"是民国时期小学四年级以上学生的统一校服）无论离别多久，叔侄情谊深长，始终不改。后来邹身城家破人亡，六亲无靠，唯独邹元爔两次汇款接济。"三年困难时期"，整个社会物资供应紧张。即便邹元爔这样的科学家（科学院副所长、全国人大代表），也只能每个月得到一次优惠——可率家人进高级宾馆享受一次特别丰富的餐饮，但只限一桌10个人。他知悉邹身城有弟妹3人在上海做工困苦，便邀请他们一同进高级宾馆凑为一桌，共享美餐。在有身份的朋友们面前，不嫌所带侄辈卑微寒碜，只为了给孤儿们一点慰藉。此举足可见邹元爔温柔敦厚的胸怀。

邹身城先生回忆说："元爔叔生怕家事影响我的前途。幸新中国诞生伊始，知识分子奇缺，学校大多沿用旧社会的教科书，唯独政治课亟须自编革命的新教材，在由军队转业进省政府的老干部们里一时寻不到适于胜任编书的人才。因我以大学文科毕业学历、刚从浙江省干部学校受过政治训练，被挑进省文教厅承担应急任务，即受命限在一个暑期内编印出两本政治课教材（高中、初中各一本）。经日夜拼搏着赶写，居然勉强完成了任务。"

嗣后国家需要普建省级出版系统，邹元爔鼓励邹身城去浙江人民出版社编书。初时全省只有12名正式编辑（20世纪80年代才开始评编审），邹身城居其一（后转大学教书，父子侄多人获"正高"职称）。当第一次到东德莱比锡出席国际图书博览会时，浙江仅被选中11本书，其中两本由邹身城担任责任编辑，一本是考古的《浙江新石器时代文物图录》，一本是诗集《陆放翁诗词选》。

邹身城先生曾赠送给邹元爔陆游的诗集一册，邹元爔极为高兴，因为他父亲邹宏宾曾经以放翁自比，陆游临终前有悲歌："死去元知万事空，但悲不见九州同。王师北定中原日，家祭无忘告乃翁。"邹元爔也因此常把陆诗置于案头或床头，曾作《读陆放翁诗词选有感》：放翁老去尚题诗，笔底纵横意更奇。一片孤忠千里志，雄关险隘任驱驰。

此诗寓意双关。病中又题《读陆放翁诗词选有感》，出示族中人，赞邹身城先生做了一件有意义的工作。谁知极左风波愈刮愈炽，凡学者几乎难以幸免。邹元爔一度遭"隔离"，邹身城先生也一度被"下放"。邹元爔知名度高，较早获得自由。当他得知邹身城先生尚在农村过"下放"生活时，即利用赴京出席政治协商会议的机会面见"中央三胡"之一的胡克实同志，促成了邹身城先生及早恢复工作。后来，邹身城先生问邹元爔怕不怕受到政治牵连，邹元爔笑着说：那个时代已经过去了！

　　诗人是有血有肉的，也是有血性、有人性的。邹元爔被称为"诗人科学家"的原因，突出表现在其是非分明而激情奋发，爱其当爱，恨其当恨，献身科学而有正义温情。

　　世上多数人常为苦读应试而发愁，对于升学考试尤感负担沉重。然而对于邹元爔来说，学习是乐事，考试夺冠犹如家常便饭。其窍门在于上课专注力强，用心听讲，当场把握住要领，不需要苦苦准备。

　　对他一生命运有较大影响的"三连捷"是：第一，吴蕴初奖学金考试夺冠，获得宽裕的升大学学费；第二，国家举办的林森奖学金夺冠，获得高额公费留学美国，进入世界著名钢铁基地卡内基读研；第三，博士夺冠，也是其最得意的事，成为蜚声美国、人群争识的中华才俊。人生得意金榜题名时，他有诗记其考场三连捷之事：

卡内基大学博士及第
——1947 年 2 月 2 日毕业典礼位居行列之首有感

济济桥门气象新，诸生此日肃衣巾。

登堂可喜居先列，执手还教诏后尘。

辛苦频年差不负，风云有志岂难申。

会当抛却琴书去，把剑欣看塞外香。

旅美四年书感

忆昔侍庭帏，同作西南客；

花市赋春风，黔州赏秋月。

一朝儿远游，长空振羽翼；

回首望神州，水遥复天隔。

匹城烟突众，於以冶钢铁；

巨焰何融融，入夜天还赤。

学府桃李盛，声华蜚一国；

闻道卡内基，博士人争识。

二者皆我欲，所惜难兼得；

爰禀椿庭训，芸窗重努力。

屈指春复秋，四载何飘忽；

乍睹榜上名，翻使胸中惑。

儿今掇巍科，父已归泉宅；

欲告父不知，此恨何能释。

举家滞渝州，倚闾头已白；

游子行即归，毋令梦中忆。

　　1942 年下半年，邹元爔在昆明云南钢铁厂任副工程师时，得知国民政府主席林森七秩寿辰，国家将设留学美国的官费奖学金一名。他就盘算着"远道犹为客，科场拟夺元"，看准了这个机会。对于全国性的大比赛，敢抱此夺元之坚定信念，源于自身有此实力。但审慎起见，临考前一个月他辞职备课，尤其重视复习英语。临场不慌不忙，最终金榜题名。令来自各地的工程师和高才生为之惊愕。当时父母欣喜，亲友致贺。国难当头获此殊荣，较昔父辈官费留日更加任重道远。聚餐时题诗抒怀：

留美考试及第[①]

> 霓裳咏处会群英，金榜居然署姓名。
> 东鲁家风扶后学，西川云气升前程。
> 怡庭客邸心俱喜，膏火寒窗志竟成。
> 敢诩龙门今十倍，还怜四海未升平。

这里邹元爔提到"东鲁家风扶后学"，借祖籍山东"儒风邹城"，述说父母家教：平时不重死记课本知识，经常勉励活跃思维、广开思路。他从而得以启迪智慧，获益匪浅。这为铺织日后前程起到了关键作用。可见3次考场连捷，绝非出于偶然。国内选才的公正，促成了此后黄皮肤黑头发的中国才俊在国际著名的

---

① 国民政府主席林森七秩寿辰，特设留学生奖学金考试，余以第一名的成绩，取得公费留学机会。

冶钢基地鹤立鸡群，提前获博士学位。

当年邹元爔去美国留学，还受到战火的阻挠，出国路上并非一帆风顺。以当今交通状况看，中美直达班机十分便捷，可是1942年下半年，正是中日战争的残酷相持阶段，美日也已宣战，烽火连天，海陆空交通均受干扰，得取道昆明续飞，辗转印度、埃及、非洲、南美。邹元爔至1943年2月9日才进入美国，抵迈阿密，经华盛顿、纽约，到匹兹堡入学。从此水遥天隔，回首祖国，音信鲜通。

1945年父病逝噩耗传来，简直天昏地黑。邹元爔急于学成归国，于坟前祭奠。所以他在美获博士学位后，自愿放弃了高薪的芝加哥工作职位，赶回正在内战的中国侍养寡母。

面对这位"三连捷"的海归冶金人才，祖国表示欢迎。母校校长竺可桢即聘元爔为浙大冶金课程教授；同时郭沫若推荐未来国防工业有用人才时，也把邹元爔列入其中。这促成了有关部门对邹元爔的重视，他也得以在不久后调入中国科学院冶金研究所大展宏图。

邹元爔所作的《贺国庆·水调歌头》，集中表达了他内心爱党爱国爱科学的纯洁感情。这是邹元爔当选科学院系统优秀共产党员后，在1984年国庆前夕应《科学报》编辑部之约有感而发。词曰：

玉宇清如水，洗出浦江秋。天安门上遥想，豪语震环球。卅五年来伟绩，更喜三中全会后，帷幄新筹。无数好儿女，慷慨献奇谋。

窥堂奥，攀绝顶，占风流。红旗冉冉升处，万国共凝眸。四大发明谁继，引得英雄拔剑，千里跨骅骝。百战凯旋日，海内任遨游。

（1984 年 9 月 27 日）

这里所说"天安门上遥想，豪语震环球"，说的即是中华人民共和国成立时，毛泽东主席向全世界宣告："中国人民站起来了！"从 1949 年至 1984 年的 35 年，虽有曲折，整体上是向前发展的。尤其是党的十一届三中全会后，改革开放，伟大祖国迈开了巨大的脚步飞快前进，领导机构团结，明确了以经济为中心的政策。政策开明，重视知识，重视知识分子；工农充分就业，告别贫困，不再挨饿；群众献计献谋，群策群力。这是他由衷发出的颂歌。

每每国庆，他常喜题诗庆祝，诗中表达国家政绩实事，不喜空唱高调。如 1963 年《座谈》，以诗句庆贺建设新成就："江水新安初送电，秋烟歇浦可肥田。欣看学府弦歌盛，遥望中心景象妍。形势即今无限好，还须努力共加鞭。"这首诗作于他在中科院上海分院座谈时，他即景赞颂了身边可歌可赞之事：一是新安江水电站建成，水电可传送供应到上海；二是吴泾化工厂发明用空气

033

为原料生产硫铵，供应农村肥田；三是上海科技大学创建 4 年来，第一届向社会输送 600 名科技新秀；四是世界科协北京中心成立，从此可加强科学技术的国际交流。可见他的诗是反映真情实意的祝颂。

再如在《欢呼十二大召开》中写道："三中全会四年来，胜利欣看出女排；今日新开十二大，定教产值倍双番。"为什么把女排夺冠、产量双番与十二大挂钩呢？因为中国人民曾经被辱"东亚病夫"，今见女子排球队拼得世界冠军，使全民扬眉吐气，深信改革开放以后党心民心更加振作。言为心声，诗唱民意。

他另有一首《喜闻女排夺魁》："三英问鼎战沙场，胜算多凭斗志强；莫道神州屡弱久，扬眉今日看红妆。"足见他出于爱国的拳拳之心，看重国家荣誉。盖民族精神为强国之本。当今的中国，爱国必先爱党、爱领袖。

1961 年，他所写《欢呼中国共产党成立四十周年》，更加表达出亿万人民共同的心声：

> 功成解放岂能忘，烟雨当年肇首章。
>
> 薄海真知伟马列，神州久病起轩黄。
>
> 万民欢动山河壮，卅载光垂史册量。
>
> 遥望天安门上月，举觞欲献酒盈江。

邹元爔热爱周总理，在 1976 年动荡的关键时刻听闻周恩来总理逝世噩耗，他由衷痛惜。

他一而再再而三地发出悲歌，真可谓声泪俱下。1976 年 3 月 1 日作有《惊闻周总理逝世敬赋挽词》一首：

讣告忽传四海惊，巨星斗大陨燕京。

五洲失色山河恸，八亿吞声涕泪横。

共仰襟怀同日月，应留方略定台澎。

红旗飞度鲲洋日，再向灵前奠一觥。

1977 年 3 月 1 日作有《纪念周总理逝世一周年》：

功绩长令举世钦，谟猷每达曙光临。

五星旗映山河丽，八亿人归天下心。

壮志未酬现代化，宏图未竟病魔侵。

今逢四害齐消日，重奠英灵泪满襟。

1986 年 3 月 1 日作有《纪念周总理逝世十周年》：

十载须臾逝，九州变革多。

乾坤承正气，经济谱新歌。

劲向双番使，剑因四化磨。

奠灵应可鉴，欣慰定如何？

　　3次为纪念周总理逝世题词，这在邹元爔诗集中别无另例。连《哭父》《哭母》《哭耀弟》尚且都只出现一次，可见周总理在邹元爔心中的特殊地位。

　　对于邓小平领导改革开放的伟业，邹元爔作有《欢呼三中全会》：

　　　　四海腾欢万里清，英明领袖指航程。

　　　　辉煌决议千秋仰，媲美当年遵义城。

　　如今新时代的新领袖把祖国引向复兴中华的新路。爱国的诗人科学家如若地下有知，当可欣慰瞑目。

　　邹元爔精通英文，中国文学造诣亦很高，指导研究生论文时，对文章修改得非常仔细。他曾讲道："外文说容易，要书写出来不易。中文更如此，一篇好的文章写出来要经过多次修改，真正好的句子是精简不了的，要像捉虫子一样将错别字、破句、标点符号等错误捉出来，文章是悟出来的。"他还一直要求研究生写论文时一定要提到前人已做过的工作，引用他人数据时一定要致谢，绝不能忘记他人的帮助。在他看来科研道德比学术水平更重要。

　　中国科学院上海微系统与信息技术研究所（前身为上海冶金

陶瓷研究所、上海冶金研究所）在 1955 年开始招收培养研究生。当时邹元爔一人率先招收 2 名冶金物理化学专业研究生，这是中国科学院也是新中国的首批研究生。从 1955 年至 1965 年的 10 年间，该所培养早期研究生共 38 名，其中邹元爔招收培养了 10 名。难能可贵的是，邹元爔在"风雨十年"时期深受冲击，当中国科学院于 1977 年率先恢复研究生教育制度招生时，他毅然决然响应恢复招收研究生的壮举。1978 年全国恢复高考和招考研究生，报名人数空前，这年报考中国科学院上海微系统与信息技术研究所研究生的考生有 360 多名，其中 80 多名考生报考邹元爔导师，按招生计划，他只招收 2 名研究生，后经调剂，录取了 4 名，他与彭瑞伍导师一起带。这就是中国知识分子的高尚境界！

　　邹元爔培养的历届研究生个个按时开题进行论文实验工作，完成学业后大部分留所工作，也为兄弟研究所输送科研新生力量。这是在中华人民共和国成立初期"百废待兴，人才匮乏"的局面下，自主探索培养的研究生，为实践中国科学院"出成果出人才"建院宗旨，迈出了坚实的一步。

　　邹元爔在任所长期间，贯彻党的"尊重知识、尊重人才方针"，他惜才推新秀，治学严谨，崇尚科研道德。上海冶金研究所建立了 4 个博士专业和 7 个硕士专业（共 12 个研究方向）授予点。这不仅充分满足了导师的招生培养需要，而且为上海冶金研究所的发展，在学科专业上奠基了充分的选择余地。

邹元爔既具诗人的人性化之爱，即"老吾老以及人之老，幼吾幼以及人之幼"，又热爱科学，及于亲手培养科技人才，他对于身边的助手和研究生极具关爱。

蒋新九是 1950 届浙大冶金系的学生。毕业后即追随老师邹元爔来到冶金所充当其有关"金属间化合物材料研发"方面工作的部属。他在邹元爔身边工作多年，积累了深厚的感情。邹元爔逝世后，蒋新九动情地写了《难忘邹元爔老师》纪念文章，谈到师生相处的一些细节。他说道："我们都尊敬邹老师是自愿放弃美国优厚待遇回祖国参加建设的爱国科学家，而他对我们没摆一点架子，处处表示关爱。"当时研究所初建，设施简陋。蒋新九到邹老师处报到后，暂时没有办公桌。邹老师就让蒋新九坐在他的办公桌椅上办公，抽斗和柜橱竟未上锁。后来邹老师搬到杏佛馆 203 室办公，晚上他的办公室借给莫培根做卧室，有时竟被当作青年朋友的聚会场所。在筹建炼钢实验室过程中，缺少基础设施，邹老师带动大家一边学习摸索，一边动手自制，成立了灯工室，建立了真空熔化法定氧玻璃系统，使用了自制的精密麦克劳真空计，接着制造了全套离子交换设备，分离出单个稀土元素。他甚至手把手地教蒋新九，从石膏模浇高纯氧铅浆液成型，直至做好干坯。

在邹老师的带头引导下，大家真切地学会了理论联系实际。通过实验，发现问题，总结理论，在理论指导下创新。师生之间亲密无间，邹元爔把青年新手一个个培养锻炼为能独立工作、各有成就的科研人员。邹老师一生从实验室到矿山到工厂，求实创新，取得理论成果，然后推广应用，为国家做出重大贡献。他是值得我们永远学习的榜样。

邹元燨先后亲手教导出研究生 20 多名，全都相处亲密，情同家人。其中不少生动事迹载入何光洲研究员编著的《研究生起步的故事》。

汪光裕博士可谓邹元燨的得意门生。他写有多篇追思邹老师的文章，介绍了师生友爱的生活。汪光裕大学毕业后参加工作，原是一名工程师。改革开放后国家恢复招收研究生的制度，他见到第一批博士生导师名单中有邹元燨教授，决定放弃工作争取当他的研究生。原来在大学学习期间，教科书中就大量介绍了邹先生在冶金方面的成就，同学们都对邹先生顶礼膜拜。如今汪光裕听说邹老师适应高科技发展潮流由冶金学转向研究半导体材料学，这更符合自己理想。1978 年 10 月汪光裕终于梦想成真，有幸跟随邹老师，学习长达 9 年。先攻读硕士、博士学位，接着又在邹老师身边从事化合物半导体缺陷理论研究，直到邹老师于 1987 年 3 月逝世。邹夫人委托汪光裕整理老师的遗稿，完成其未竟事业。

如今汪光裕回顾一生经历，认为这 9 年是他一生中最幸福最珍贵的时光。从邹元燨先生身上透露出的科学智慧和优秀品德，是他永远学不完的。如邹元燨先生始终把科学工作与国家需要紧密结合；邹先生善于独立思考，从不人云亦云，勇于实践，在实践中不断创新；邹先生视科学研究如同自己的生命，生命不息，创业不休；邹先生对学生生活上关爱、学习上严格把关；邹先生好学不倦，活到老学到老，带动大家学。邹元爔先生的崇高理念和品德整整影响了冶金所一代人。邹先生留给他最重要的礼品是一首诗：

贺汪光裕博士及第

探密搜奇赖后生，琴声剑影气纵横。

文章犹愧输开府，且喜抡才老眼明。

（作于 1985 年 5 月 15 日）

科学家的日常生活是从事科研活动，专业工作过于忙碌时当然无暇顾及写诗。然而邹元爔忙里偷闲，偶尔也会触发思绪，吟咏几句。由于受情景局限，情调不免清淡，有时或寓有学者独特情意。科学来自好奇，来自对新事物的进一步探索。在他诗作里，通常出现他所从事的专业的名词："西子多情留不住，祉缘难忘是高炉。""铜铅复矿归精选，桃李新荫待手栽。他日水平奇国际，谟猷还仗出群材。""奇钢战线成奇捷，千炉烟火烛天红。"……也有完整的写科学技术的诗篇，为别人的诗集中所少见。如初到美国时，处处新奇，当今已属寻常事物的爱克斯射线（即 X 射线），竟然引发其兴趣，1943 年邹元爔把它写入诗中。

咏爱克斯射线

谈天何计可窥蠡，幸仗奇光烛路迷。

大小极端成宇宙，短长彩色幻虹霓。

光如秋水神穿箭，技妙春风腹探骊。

世上相思休息苦，今来有术叩灵犀。

日常医用拍片看似普通小事，其背后科学境界却辽阔。1959
年作《高炉颂》一首，如下：

君不见：

白云鄂博天下无，相传上有神仙居。

神仙来往白云里，岂识人间米似珠。

仙山自是多遗宝，六合精英混沌初。

谁知弃置亿万载，一朝解放起宏图。

黄河之水天上来，奔流到此一盘纡。

大青山下平沙地，而今矗立见高炉。

高炉顶欲摩云汉，雄姿伟像难描摹。

烁玉流金吞复吐，红光直可烛海隅。

我从海上遥来此，书生习气未能除。

盛典岂可无吟咏，炉前俯仰立斯须。

冲天干劲起神力，筚路蓝缕赖先驱。

领导英明今迈古，友谊长青中与苏。

专家联翩来莅上，得道多助良非虚。

功成铁水奔流日，尚想辛勤五载余。

总理飞来亲剪彩，万人争看齐欢呼。

新诗待献高炉颂，佳肴初荐黄河鱼。

黄河落日圆依旧，大漠多烟不复孤。

仙人山上应犹在，拭目惊看世界殊。

　　这是新中国科技史和重工业史上有纪念意义的一页，周恩来总理亲自飞来剪彩。因为包头铁矿的开发是我国第一个五年计划的重大项目，由几个部门合作开拓。中科院上海冶金所承担了包头铁矿高炉冶炼的研究和包头铁矿中提取冶炼稀土元素的研究，这两项研究都责成邹元爔主持。前者研究方案曾受到保守领导干部的极大干扰，经邹元爔力争，后由苏联科学院副院长巴尔金院士支持，巴尔金院士亲自研讨后走上讲台向元爔祝贺，承认"中国科学家在这方面走在我们的前面"，这个方案，才得以通过。实施成功后，被中科院誉为当时"世界上独一无二之开拓性工作"。而且包头铁矿中提取冶炼稀土元素的研究同时成功，更是巨大的开创性贡献。所以元燨在诗中高歌"盛典岂可无吟咏""新诗待献高炉颂""总理飞来亲剪彩""冲天干劲起神力"……爱国诗篇为科学盛事添光溢彩。

其他还有诸多涉及科技的诗句，大多分散在各种不同的主题里，诗人科学家三句不离本行，妙笔生花地在科技语言中穿插诗化心情。

如在《学习毛主席著作的点滴体会》里写道：

> 文化昌明灾难深，祖先曾创指南针。
> 赶超今日我侪事，莫笑犹怀老骥心。

又如1975年秋，冶金所约请东北工学院、沈阳冶炼厂三方科技人员举行会议，组办沈阳砷化镓会战，会战期间他题诗道：

> 三方壮士誓擒王，奋战辽东喜夜长。
> 老骥也怀千里志，哪因明月便思乡。

当时正值中秋，月明之夜，思念千里外的南方妻儿是书生常有的情愫。说是"不思乡"，终究怀有思乡情结。不过因三方科技会战正酣，小小私情就抑制住了。

他申请入党，也是用诗歌语言和科研决心来表述的。他写道：

"四化声中榜样新，老牛犹可挽舆薪。关山莫道多艰险，愿向征途逐后尘。"他始终把科研任务视作长征对待。

1979 年 11 月纪念中国科学院建院 30 周年，适逢粉碎"四人帮"、"风雨十年"终结，三者同庆。诗人科学家岂能缄默？他破例地用四言体写成长诗一首：

> 四人罢黜，烈士暮年；
> 老当益壮，穷且益坚。
> 苦念四化，夜不成眠；
> 仰望霄汉，北斗古天。
> 雄鸡一唱，罢舞蹁跹；
> 卅年建树，功在人间。
> 新征号响，万马争先；
> 壮志不减，清秋扬鞭。
> 志存千里，神逐峰巅；
> 赶超国际，端赖群贤。

（登载于 1979 年 11 月 2 日《科学报》）

《科学报》，顾名思义是传布科学技术信息的平台，可惜"风雨十年"时期，"科学"徒有空名，此后拨乱反正，至 1983 年宣布"改版"，回归正道。邹元爔提诗致贺：

科技歌声永绕梁，词林北国又增光。

十年思睹斯文尽，四化何愁道路长。

兴到不妨题满壁，读来真欲欣千觞。

洛阳纸肆如相问，一片冰心付报章。

在生活中，人们最爱的是春节，俗称过年。因为在节日中可以与家人团聚，暂时放开手头的工作，放松一下紧绷的思想。可是邹元爔在好几个年头的《春节诗》里，都念念不忘"科学战线"上的任务。1978年作《春节》一诗：

爆竹声声扫旧符，春风吹暖万民苏。

迎来大治①精神爽，科学战线万顷波。

1979年同题又作："胜会迎春国际楼，十年如梦付东流。何期又值长征日，欲勉强弓射斗牛。"1980年再作："经论妙在四条中，三大宏图百世功。北塞莫教休战马，南天仃看度飞鸿。神驰四化光阴迫，肠断十年帮祸凶。今日人才欣辈出，更看海外舞东风。"足见他时时都惦念科学使命，吟咏诗词也脱不开科学这个主题。参与编选《邹元爔诗选》的邹元爔生前好友何光洲介绍："读

---

① 大治，指"文化大革命"结束。

了他的诗词，如同在学习现代版的唐诗宋词。无论四言、五言、七言、绝句、律诗、沁园春、浣溪沙、水调歌头、金缕曲等，格律严整、题材广泛，凡经历目睹巨细事物，接触的情景人物，兴之所起题咏记述，观察细腻，下笔率真，诗情充沛，语言优美，显示出诗人的热情奔放真情爱心，反映了他一生爱国、爱党、爱科学，孝亲、尊老、爱晚辈的高尚情操。他毕生关心亲友、同窗、同事，关怀青年学子、厂矿战友，敬业献身科研，乐观坦诚的人生态度，发为诗词，韵味深长。"一片丹心铸诗魂，胸怀天下苍生苦，满腔犹藏悲悯心。

1938 邹元爔由贵阳入川作《难中中秋》：

避兵远适到西川，佳节逢秋益惘然。
蜀地山城风景异，吴天云树梦魂牵。
剧怜几处黄尘暗，辜负今宵素月圆。
只盼阳春来岁至，万方欢舞息烽烟。

1940 在重庆作《买米难》：

买米难，买米难，闻道江岸有米来，万人争买趋船侧，孩提在背箓在肩，眼见船空徒叹息。归来汲水燃枯枝，水多米少难成炊，老翁语我非天灾，比岁收成颇称熟，紫衣怒马纷下乡。几处营仓纳新谷，庆居有术此屯粮，仓廪丰盈民枵腹，问尔何以对"民国"？国不纲，民无粮，买米难于蜀道长！

第二次世界大战时中国盟国前期惨败，先后覆亡的达 13 个国家。国内国共合作，持久抗战，虽牺牲壮烈，但希望犹存。邹元爔挥笔寄哀歌，聊以自勉。

在那个动荡不安的时代，出生于贫瘠弱小的旧中国的土地上，邹元爔抱着报效祖国、振兴中华的雄心壮志，以满腔热情和充沛的精力投身到勤苦的学业之中，立志要为发展祖国科学事业奋斗终生。沿途所见在胸腔冲荡，于是抒发成诗。

游埃及金字塔

大漠无垠白日横，望中三塔势连衡。
形同虎帐风云聚，影压龙堆塞地平。
文物当年徒四壁，征徭一例病苍生。
王陵依旧衣冠异，何似嬴秦万里城。

1943—1946 这 4 年间，在美国留学获取冶金科学博士学位后，即赋《载得新书归去也》，把对家国的真爱铸成忠诚的诗魂，与国家共度安危，与亲友共情刻骨。

长江在望（1947）

江上烟波一望收，舟人也识是神州。

为何十载归来日，南北干戈尚未休。①

回　故　乡②

久别当湖月，今来访故居。

重温少小梦，争奈鬓毛疏。

指点情犹昔，经纶愧不如。

敢驱东海水，那许食无鱼。

亲人生离死别，最痛心者表述于《哭父三律》。战前美满的
五口之家，战时离散四方：老父客逝贵阳；小弟从军湖北，战后
复员于重庆务工；长兄邹元辉处身浙东前沿战线，日本投降时受
命赴台湾接管公路局，率其妻儿隔海安家；老母依元辉兄长侍养。
1944年10月18日，邹元爔之父邹宏宾病逝于贵阳住所，3个儿

---

① 自1937年撤离南京内迁，至1947年归来，已整整10年。

② 1984年7月7日至9日，承平湖县领导邀请，回乡座谈地方建设，得便访故居小住，
晤见故人畅叙。

子天各一方，由诗友集资帮助料理丧事，并将部分遗稿出为纪念册，聊代诗集。至 1945 年 10 月，邹宏宾逝世已经过去近一年，邹元爔才由航邮收到其父遗诗一卷。叩首恭读，泣赋《哭父三律》。

邹元爔归国后徘徊于沪杭间，1948 年去中国台湾探望兄嫂一家，小住数日，只身赶回大陆，从此音信鲜通。至 1954 年才营建小家庭于上海。

哭父三律

其一

鹏飞东海止扶桑，负笈归来剑气扬。

江上笛声惊客梦，湖边山色入诗囊。

避兵岂惮千关险，把酒浑忘二竖狂。

忍读遗书凄绝处，衰牙脱尽未能装。

其二

桂子梅花放满枝，鲤庭趋对忆儿时。

萧斋曾哂春风句，窗课当吟夏雨诗。

三绝莫传棋与酒，廿年长幸父兼师。

两重思德深难极，哭罢呼天竟不知。

其三

筑垣拜别抵长亭，烽火经年苦未停。

甲秀楼头明月冷，太平洋上血风腥。

忽惊落叶遥天黑，入梦离魂大地青。

儿客美洲犹未返，坟前何日祭先灵？

　　邹元爔以上所书第一律追述父宏宾少时考场得意，获取官费留学日本，并参与同盟会领导的辛亥革命和"二次革命"，晚年抗日客死异乡之事。第二律缅怀自幼有慈父兼师，敦厚诗教一生受用。人称宏宾"诗酒棋"三绝，他却嘱咐儿辈但传诗书，莫嗜酒棋误事，父子常在书斋教习吟诗，庭中树下联句。第三律抒发战乱中贵阳拜别，后噩耗传来，他只觉天昏地黑，急于学成归国，坟前祭奠。

　　至于对妻儿的离情别绪，身处"文化大革命"的扰攘，科学家也难免儿女情长，1948年邹元爔自别母归来仅隔一年多，又赋《哭母一律》（1950）：

幼读新书是女英，鸳湖门第早蜚声。

两番革命因兄启，卅载劬劳教子成。

小住杭垣甘淡泊，客居海岛动归情。

可怜一去魂难返，赢得移台始祖名。

同祝国庆廿二年
1971年获自由后阖家团聚同贺国庆

佳节同倾酒满杯，灯火喜共桂花开。
万方乐奏歌将舞，十稳丰收米垾煤。
书放金光胜镶宝，云消玉宇净尘埃。
关山千里明如画，岂许西陲鼙鼓来。

自 1937 年从浙大毕业不久，日军战火延及沪杭，深入内地。1942 年考取林森奖学金，1943 年至 1946 年旅美深造，归国见世事大变。经长期战争后锦绣江南面目全非，城市残破，社会动荡。母校长途回迁，科学院筹创伊始，旧友新朋，人事全非。

赠陆维钊教授

湖上相逢始识荆，还从祖辈论交情。
文章今日归衡签，山水年来任品评。
三绝诗书兼绘艺，五金冶炼愧微名。
京华半月欣重聚，一席清谈耳欲倾。

怀竺藕舫师

湖上犹吹绛帐风，避兵端赖君筹功。

重逢燕市旗如画，初访辽东气似虹。①

卅载勤劳忧海内，九州物候记胸中。

亲栽桃李遍天下，苦忆高山一劲松。

---

① 浙大完整内迁，战时建成"东方名校"，首推竺可桢校长之功。1949年竺调任中科院副院长，率团考察东北国防工业，邀元爔同行。严济慈亦与列。同行者尚有好多人，相继谢世。竺师逝于1974年，值慌乱未止，未及隆重纪念，"高山仰止"不亚孔圣。

附录
邹元燨年谱

邹元燨（1915 年 11 月 12 日—1987 年 3 月 20 日）

出生于　浙江平湖乍浦

中国共产党党员

1929 年　入浙江省省立高级中学。

1933 年　荣获上海吴蕴初奖学金，并考入浙江大学化学工程系。

1937 年　毕业后在南京资源委员会工作。

　　　抗日战争全面爆发后，被迫从南京转移到长沙、重庆和昆明
等地，其间先后任练习生、工务员、助理工程师和副工程师等职。

1942 年　以第一名的成绩获"林森奖学金"，取得官费留学的
　　　　机会。

1943 年　在美国匹兹堡卡内基理工学院当研究生。

1947年　2月获冶金学科科学博士学位。

1947年　6月回国，先在南京资源委员会任工程师，10月受浙江大学竺可桢校长之邀到化工系任教授。

　　20世纪50年代，邹元燨和周仁等在国内首先研制成功球墨铸铁。

1950年　2月，他应周仁之邀到中国科学院工学实验馆（中国科学院上海冶金研究所的前身）任研究员和室主任。

1953年　他和周仁等进行包头含氟铁矿高炉的冶炼研究，解决含氟铁矿高炉冶炼问题，取得了炼铁史上的开拓性成果。

1956年　加入九三学社。

1956年　获国家自然科学奖三等奖。

1957年　邹元燨和徐元森等在国际上首先采用钒钛铁矿高炉冶炼新工艺，创造风口吹炼技术。

　　20世纪60年代开始，邹元燨转向半导体材料和有关纯金属及其物理化学的研究。

1961年　5月，冶金陶瓷研究所调整后，任上海冶金研究所副所长兼室主任，1978年6月任所长，1983年12月退居二线，任上海冶金研究所名誉所长等职。

1965年　获国家创造发明奖二等奖。

1969年　3月，在隔离审查期间，写了《关于砷化镓半导体科学实验工作发展趋势的设想和建议》等材料。

1978 年　邹元燨一直致力于提高砷化镓及其 Ⅲ － Ⅴ族化合物半导
　　　　体质量的研究。

1980 年　加入中国共产党。

1980 年　当选为中国科学院学部委员（院士）。

1982 年　获国家自然科学奖三等奖。

1983 年　获国家发明奖三等奖。

1985 年　获国家科技进步奖二等奖。

1987 年　获国家自然科学奖三等奖。

1991 年　获中国科学院自然科学奖一等奖。

邹　竞

感光材料专家

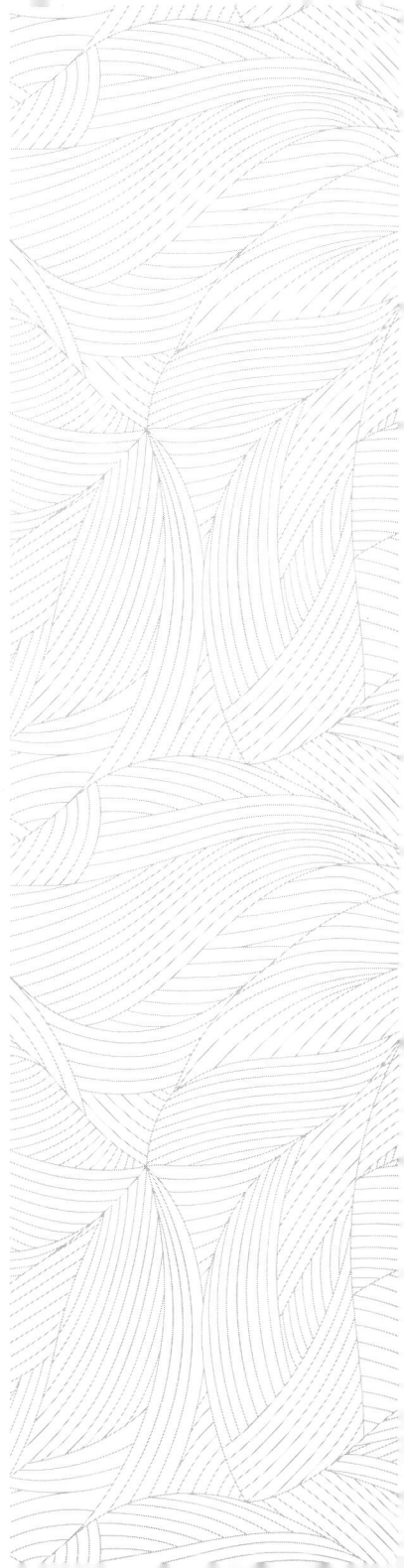

第一章

漫漫求学之路

黑土地给了我黑色的眼睛，我要用它探寻彩色人生。

浙江平湖乍浦镇邹氏是个大族，是乍浦四大家族之一，出过10多个教授、博士和两位院士。2012年在平湖市举办的"东湖女儿"人物评选活动中，乍浦籍的中国工程院院士、中国感光材料专家、高级工程师、天津大学化学工艺学科博士生导师邹竞教授被誉为平湖当代杰出女性之一。

邹竞，祖籍平湖乍浦，上海出生，苏州成人。平湖给人最深刻的印象就是孙中山先生所说的"东方大港"，有海，有海滩。邹竞是一位将自己的人生与中国彩色感光材料的发展进步联系在一起的人。她是中国工程院首批院士中，唯一来自企业的女性。

不管你是专业摄影师还是业余摄影爱好者，你都应该记住邹竞这个名字。作为中国乐凯胶片集团公司教授级高级工程师、乐凯研究院首席专家，她是民族感光材料的开拓人。在中国民族感光材料工业丰碑上，她同乐凯彩色胶卷命运始终紧密相连。

她外表娇小柔弱，但内心却坚韧顽强。从小就像她的堂叔——中国科学院院士邹元爔那样好学，成绩优异，喜欢竞赛。还富有激情，执拗而坚毅。喜欢赛跑、爬竹竿、登山、跳木马、过荡船等富于挑战性的体育运动。酷爱化学，曾在高考志愿表上全部填写了化学和化工院系。之后以优异成绩成为苏州高级中学1954届唯一的一名留苏预备女生，考入列宁格勒电影工程学院，攻读电影胶片制造及洗印专业。

2018年10月19日，邹竞院士携家属到先祖故地乍浦寻根。"变化真的太大了，真的为我的家乡骄傲……孙中山先生把乍浦列为东方第一大港，上次来看没有动静，现在看有希望了！"谈到此次寻根之旅时，邹竞院士满满的乡愁随着泪水涌出，那乡愁就如深巷老酒，历久弥新。

邹竞小时候因避战乱，举家从上海迁居至苏州外婆家。在这座江南文化名城，她度过了青少年时期的美好时光。因为邹竞的父母十分注重子女的教育，将她从小送入当地最好的学校读书求知，接受严格的教育，她有幸在苏州最好的学校完成了小学、初中和高中学业。邹竞从小就像她堂叔邹元爔那样好学，十分注重自己的德、智、体全面发展，成绩优秀，富有激情，执拗而坚毅。

这为她以后的健康成长奠定了良好的基础。

她从小最崇敬居里夫人，聪慧而好学。在校学习成绩经常保持全优记录，酷爱化学。除了读书学习之外，她还喜欢赛跑、跳高、爬树、登山、跳木马等富于挑战性的体育运动。父亲在银行工作，母亲受过新式教育，是一位知识型女性。两人都非常重视教育。邹竞曾就读于上海市善导女子中小学附小，这是一所管理非常严格的天主教教会学校。9 岁时，全家从上海移居苏州，初到苏州时寄住在官太尉桥舅父家，后迁居西白塔子巷。她先在苏州实验小学读完小学，初中考入省立苏州女子师范学校附中，后被江苏省省立苏州高级中学录取。

邹竞的父亲邹修麃自幼父母双亡，寄居于亲属家，刻苦自学，12 岁就挑上一卷行李跟老乡到上海打工谋生。他深知学习的重要性，抓住机会报名参加浙江兴业银行的实习生招聘考试，在众多考生中胜出，后进了兴业银行。邹修麃从练习生做起，从服务台值班员到出纳员，而后升为出纳科长。他因勤谨好学、坚持不懈的工作热情而受到上级器重。不久经人介绍，邹修麃与南浔富商贺家小姐结亲。贺家小姐带着丰厚的嫁妆，与邹修麃住进了上海市中心罕见的高墙大宅院。虽属亲戚借住，但其气派也会令家乡来客称羡。有了安定的生活，邹修麃更是勤奋工作，最后又进入高层，调任苏州兴业银行分行襄理。不久，为躲避战乱，邹修麃带着妻子及两个女儿从上海迁到苏州。从此，邹修麃一家在苏州定居。虽然邹修麃定居苏州并过上富裕生活，但他并不忘本，也没忘记根在乍浦，逢年过节总要回乍浦看看邹氏族中亲朋好友。凡亲友遇困难相求，他总是乐意伸手援助。抗战时期家乡祖居遭毁后，修麃的兄嫂等一众人无家可归，修麃就主动接纳大嫂及其儿女搬来自己家一起生活；对单身失业的二哥，他也接来苏州安排工作直到养老。邹氏族门中，对修麃的一生评价是，可称邹氏第八代中忠于祖训为人温良恭俭让的榜样。

邹竞小时候，曾不止一次听父亲给她讲有关乍浦和邹氏家族的故事。邹竞从懂事那年起，就知道自己的先祖从北方南迁到乍浦创业成为乍浦望族的往事，自己祖宅就在乍浦镇的荷花池。那是明末清初，北方战乱，邹氏一族为避难由北方南迁。在一路南迁的邹氏一族中，一位叫邹阿宝的姑娘跟着年迈体弱的父亲一路辗转时，不幸与族中其他亲人失散，父女俩只得相依为命，一路坎坷。此时又偏逢两江激战，清军大肆屠戮，令后世惊魂的便有"扬州十日"和"嘉定三屠"，然后又延及无锡、湖州一带。南逃之中，邹阿宝父女俩整天过着提心吊胆的日子。忽然有一天，邹阿宝父女在逃难路上偶见一位少年，经过了解，这位少年姓王名玉弟，因为战乱成了一名孤儿。同为天涯沦落人，3人便结伴而行。玉弟比阿宝小两岁，一路上，阿宝和玉弟就姐弟相称，互相照顾。阿宝之父看玉弟为人忠厚老实，就想招他为入赘女婿。玉弟一口答应，3人就结为一家继续南行。最后，他们来到了古镇乍浦。

　　他们初到乍浦时，正值倭寇不断来我国东南沿海骚扰。经倭寇多次掠杀，乡镇村落残破，市镇萧条。历史上，乍浦沿海居民大都靠捕鱼和海运谋生，倭寇骚扰乍浦，百姓眼看出海危险，纷纷逃离港湾。其时，乍浦镇居民仅剩下二三百户。但邹阿宝他们还是决定在乍浦停留下来。因为，他们看准了乍浦是个适合创业的好地方。一是乍浦当时是棉花种植区，当地农村有种棉纺纱织布的传统。而自宋元开始就经营纺纱织布的邹氏家族，到阿宝时，仍有一手祖传的染织好手艺，这是白手起家创业的基础。二是乍浦有海运港口和直通大运河的内河码头，水上交通方便，这是经商的必要条件。初到之时，在一无住房可居、二无田地可种的状况下，他们决定靠染织手艺创业。于是，邹阿宝父女及女婿王玉弟在乍浦的西巷定居下来后，第一件事就是白手起家创业。阿宝勤俭干练，又有纺织手艺，主持家务；王玉弟协助妻子做营销业务；邹太公则里里外外帮忙，一家人的生活逐渐好了起来。

　　不久，阿宝有了身孕。十月怀胎分娩之日，阿宝听到小孩的第一声啼哭，脸上顿时一片灿烂。玉弟让阿宝给孩子取个名字，阿宝想了想，问玉弟："你开门第一眼看到的是什么？"玉弟答："看见对面一片群山。"于是，邹阿宝脱口而出："那就叫见山吧。"就这样，生于乍浦的邹氏长子邹见山从此成为从北方南迁至乍浦邹氏之始祖。邹氏从"见山公"落地生根乍浦为始祖起，在"追远绸布庄"的基础上不断发展壮大。经过几代人的努力奋斗，终于成为早期移民乍浦的"伊、颜、陈、邹"四大望族之一。而自古沐浴于孔孟"修身齐家治国平天下"理念中的邹氏一族，也由此秉承祖训"慎终追远，明德归厚"，始终将之作为邹氏精神财富。立身行事以此为本，一意"遵守礼法，温文恭人，处世审慎，虑及后果，积德传家，保持淳厚家风"。凭此理念，兢兢业业，言传身教。祖祖辈辈体现出"以德育人"这一源远流长的中华文化。从三世邹维垣开始设置书塾，注重"治家重教、诗礼传家"。经过邹氏三世邹维垣和四世邹思九两代人的努力，维护世家名门传统，倡导吟诗、著书、建祠堂、修家谱，成为传承世家所必须。到了五世邹璟这一代，邹璟好学不倦，常自勉"三更灯火五更鸡，正是男儿发奋时"，坚持夜读，终于科举有成，入资"州同"。后又以一人之力，搜集了省、府、县中资料和乍浦的地方传记，独自修志，经历 4 年，五易其稿，到道光六年（1826）终于修成《乍浦备志》36 卷。

邹氏一族在乍浦不断创业的故事，邹竞一直牢记心中。无论到哪里，她对故乡乍浦都常在念中，对邹氏先祖心存敬佩和感恩。虽然她在乍浦祖居逗留的时间很短暂，但她仍然会讲几句乍浦方言。2018 年 10 月，邹竞在女儿女婿陪同下到乍浦故地寻根。邹竞的女儿谢红说："妈妈常说，祖居在乍浦荷花池。妈妈说荷花池这个地名时，就是乍浦口音。"

如果说平湖乍浦这片故土是孕育邹竞成功基因的渊源，那苏州则是邹竞学业成功起飞的地方。回忆是金色的，回忆是美好的。对故土无限的深情，在年华老去时尤显深浓，终日萦绕脑海，挥之不去。中学时代的教育，为邹竞以后的成功打下了良好的基础。那时，她喜欢看一些有关女英雄的书，如《刘胡兰》《卓娅和舒拉的故事》等。那些女英雄的事迹对邹竞人生观的形成产生了重要影响。她在苏州女子师范附中读书时，受到一些老师的进步思想的影响，成为学生会中的活跃人物。她的确不是个平凡的女性，讲究服饰，知识丰富，也很喜爱屠格涅夫、车尔尼雪夫斯基等人的名著，对柴可夫斯基的《第二钢琴协奏曲》尤其入魔。那悲伦、壮烈的旋律，常常使她热血沸腾，不能自已。怕是她想把对整个世界的美好印象统统挽留下来吧，最后，她舍弃了文学和音乐，选中了感光材料这一行。

"她对事业的执着追求和崇高的人格，对我以后的成长影响至深。"邹竞的脑海里经常浮现居里夫人的影像，她极其崇拜居里夫人，居里夫人成为她终身的学习榜样。喜欢探索创新的她，迷恋于化学，对奇妙无穷的化学反应情有独钟。当时参加全国统一高考要先填志愿，邹竞在高考志愿表上全部填写了化学和化工院系。高考揭榜后，邹竞以各科优异的成绩，被录取为留苏预备生。"当校长叫我去，才知道是幸运落到我头上！"邹竞回忆起当年高考揭榜后校长通知她去办公室的情景，好像就发生在昨天。居里夫人的事迹始终鼓舞她扬起远航的风帆，去追寻彩色的人生。

在邹竞的人生旅途中，不管遇到何种困难和挫折，这种理想和信念始终伴随着她，并成为她一生中做人的航标和取之不尽的力量源泉。至今，邹竞仍然非常怀念自己的中学时代。非常感谢母校和老师对她的教育与培养，感谢他们的教导，使她对学习、对追求知识充满了浓厚的兴趣。邹竞好几次重复这句话，她说："中学时代是人生的黄金时代，对一个人的一生影响很大。"当时学校十分重视学生的德、智、体全面发展，这一点为邹竞以后的健康成长奠定了良好的基础，她对老师和母校深深的感激之情溢于言表。

正如之前所言，从此，邹竞与化学结下了不解之缘。高考揭榜，她被录取为留苏预备生，先到北京俄语学院学习一年俄语，1955年进入列宁格勒电影工程学院，攻读当时国内尚属空白的电影胶片制造及洗印加工专业。这个专业涉及照相化学、物理化学、胶体化学、有机化学等多门化学学科，而且具有很强的实用性。当时胶片制造专业在中国还是空白，这更激发了邹竞浓厚的学习兴趣。

出国留学，只为了报效祖国。那么小的年龄不想家是假的，但一想到国家培养一个留学生，将其保送到国外去学习，要花费十几个农民的收入，她深感自己是受全国人民重托。她再也没有别的想法，一定要学好本领，回来报效祖国。如歌中唱道："千万里我追寻着你，可是你却并不在意。在梦里你是我的唯一，你问我到底爱不爱你……"她对自己专业的选择，只有一句话想说：我爱你爱到骨子里！

学校规定，凡每个学期各门课程都是 5 分的学生将荣登光荣榜。当她看到光荣榜上中国学长的照片时，由衷地感到高兴和骄傲，并暗暗下定决心，要以这些学长为榜样，以后自己也要上榜。留学的日子里，她如饥似渴，潜心学习，积累知识。邹竞是学习尖子，但不是"书呆子"。在假期里她喜欢观看芭蕾舞剧、歌剧和话剧，聆听音乐，阅读俄罗斯名著，参观博物馆，或结伴旅游。辽阔壮美的俄罗斯山河、广博独特的俄罗斯民族文化，对她的人生产生了深远的影响。

1958 年，大学三年级的实习不仅能够让学生实践书本上的知识，更能让学生学到书本上学不到的知识。邹竞和同学们来到位于乌克兰肖斯卡市的苏联第三胶片厂实习。苏联第三胶片厂是苏联最大的感光材料生产基地之一，除生产各类电影胶片外，还生产多种军用航空胶片和技术胶片。苏联第三胶片厂涂布车间共有 6 台涂布机。1—4 号涂布机在老厂房内，其中有的设备是 1945 年战胜德国法西斯后，从德国阿克发厂拆搬过来的。5—6 号机是新建的。一座一百几十米长的无窗密封建筑，前部分是 3 层楼的补加剂配制及乳剂熔化工段，后面就是涂布机（包括地下室）和长 115 米的胶片干燥区段。各涂布机的产品有专业分工。邹竞的爱人谢宜凤后来在他的著作《我的胶片情缘》里写道：厂里的实习导师对我们非常真诚友好，告诉我们想学什么，想问什么只管提出来，你们国家是花了钱送你们来学习的，不要不好意思，不要有顾虑。他还把我们介绍给车间的各工段长（几乎都是列宁格勒电影工程学院的毕业生，其中有一位新工段长就是陈兆初的同班同学，后来当了三厂的厂长）嘱咐要为我们实习创造各种方便条件，车间的任何岗位、任何时间都可以去，车间的技术文件（配方、配料方法、操作规程等）都可以看，都可以抄录，这为我们顺利学习，掌握胶片涂布技术创造了极为有利的条件。我们先是按部就班地从涂布补加剂的结构、种类、特性、作用、配制方法及各片种的补加配方熟悉开始，然后顺次从老厂房的 1—4 号涂布机，再到 5—6 号新涂布机，学习掌握各涂布片种的涂布工艺条件、操作过程以及半成品、成品的性能测试，产生各种弊病原因的分析，以及如何防止弊病产生的对策等。接着进一步了解涂布设备的机械、电气传动特性，关键部件的结构，以及通风干燥系统的除湿、调温、除尘过滤等。在基本掌握了涂布车间全过程、全岗位的关键技术和操作方法之后，我们就开始抽时间去厂图书资料室搜寻、查阅各种有用的相关技术资料。肖斯卡胶片厂在"二战"前是只生产黑白照相材料的小厂，"二战"结束后，作为战胜国的苏联把德国阿克发的大批设备、技术资料，乃至主要技术专家都接收过来，从而促使了肖斯卡胶片厂的发展。我们在资料室不仅查阅到近年来苏联科研人员的成果报告，同时也发现了不少当年阿克发科技人员的报告，实习后期，我花了较大精力选择抄录对我们生产有用的技术文件，能借出来的资料就晚上在宿舍里抄。可以说那时除了周六晚上进城看场电影，周日进城买点吃的东西外，所有的时间都用在学习上了。

邹竞进厂第一天就巧遇从国内派来的实习团。异国他乡见到祖国亲人倍感亲切。从实习团成员那里得知，他们不久将先期回国开始筹建国内第一座大型现代化胶片厂，这已被列入国家第一个五年计划156项重点工程项目之一。邹竞听后兴奋不已，对未来充满了美好憧憬，暗自下定决心：既然中国实习团带来筹建胶片厂的喜讯，那就回国创业去！一定要学好专业，献身祖国的感光材料工业。从此她有意侧重胶片制造工艺的学习，更加坚定了学好专业，填补中国感光材料工业空白报效祖国的崇高理想。

应该说在当时中苏关系尚未公开破裂前，两国友好关系是深入人心的，邹竞等人在苏联第三胶片厂的实践是受到苏联友人的热情接待和传授的。邹竞回忆在苏联第三胶片厂实践的那段时间时说："在技术上是完全开放的，几乎没有保密可言。这使我们不仅掌握了该厂正在生产的各类胶片，包括黑白或彩色的电影胶片、技术片、航空胶片的配方和生产技术，……实习十分顺利，完全达到了预期的效果。"

1960年邹竞毕业于苏联列宁格勒电影工程学院电影胶片制造及洗印加工系。

第二章
探索永无止境

在人生的旅途中，往往有多次选择与被选择的机会。中学时代，邹竞酷爱化学，特别崇敬居里夫人。1960 年毕业后回国，她没有留恋大城市，而是到了正在兴建的、位于保定市西郊的保定电影胶片厂。重任与困难同时摆在她的面前。没有经验，也没有成熟的资料可以借鉴，有的只是几年书本知识的积累和一腔热情。她抱着报效祖国的一颗赤诚之心来到保定，然而迎接满怀壮志的她的实际是：外国专家撤走，停止供应关键设备，致使属于我国 156 个重点工程项目之一的保定电影胶片厂陷入困难之中，正值"三年困难"时期，职工生活也遭遇到种种困难和考验。邹竞这个刚出校门的大学生，也面临着新的生活考验。

北方的深秋，秋风萧瑟，没有家乡江南的湿润和绿意。天寒地冻，饥肠辘辘，十人同住的大通房，没取暖设施，楼内也没有厕所。与优美舒适的列宁格勒和温润美丽的江南水乡相比，这里简直就是穷乡僻壤。夜，漆黑寒冷，想家无眠……从吃着黄油面包，漫步在涅瓦河畔吟着普希金诗，欣赏着肖斯塔科维奇的美妙音乐，一下子到住在十人一间的宿舍。在保定，厂区能见到的，就是一个烟囱（附近发电厂）、一座礼堂兼食堂的平房、一座三层楼的办公楼和一座两层楼的中央实验室。他们住在中央实验室楼上图书馆旁边的十人一间的房里，上厕所都要到外边去。挖两个坑，搭块板拿苇子围一个圈，就是茅房。食堂里吃的是"汤饱"——像钵头一样的粗黑大陶碗里飘着几片胡萝卜的稀汤，加上两根仅手指粗的红薯，碗里放几块番薯干，这就是一顿中饭。这使邹竞想起毕业论文答辩前一个月，她应邀到论文指导老师巴甫洛娃家小住时的情景。她发现老师对面包十分珍惜。一天在餐桌旁，老师动情地向她讲述了"二战"期间列宁格勒被围困时饥寒交迫的情景。老师问："竞，你挨过饿没有？"邹竞从小家境尚好，衣食无忧，所以实话实说"没有"。但现在，吃棒子面窝头，那就是改善生活了。记得元旦供应1两肉，结果吃了拉肚子，夜里上厕所——就在房后用芦苇围成的那种茅坑，没灯，又黑又冷。邹竞真的想哭哇！

　　苦难有时是人生的试金石。邹竞不但无怨无悔，相反，她觉得这正是锻炼自己的极好机会。"生活的反弹，一时很不适应。"她联想起苏联小说《远离莫斯科的地方》中那些在西伯利亚不屈不挠的建设者的生活情景。"三年苦吃下来，还有什么困难不能克服？多一分磨难，也是多一分积累，给我以后的人生打下了基础。"邹竞的这番话在她日后为事业奋斗的过程中得到了充分的印证。就在如此艰苦的生活条件下，更为艰难的任务来了：邹竞接到了负责研制特种红外胶片的国防科委的紧急军工任务。在一无设备，二无现成资料、实验室连自来水都还没接通的情况下，凭着满腔的报国热情和"初生牛犊不怕虎"的奋发精神，24岁的她带领两名18岁的青工，依靠在大学里学到的胶片制造基础理论知识，倾心尽力地反复试验，苦苦求索，在简陋的实验室内开始了"高、精、尖"特种红外胶片的研制。要解决红外增感染料增感倍率低、红外胶片保存性差的技术难题，她首次创新性地将双层涂布技术用于制造黑白航摄胶片，增大了胶片曝光宽容度。

艰苦的环境不但没有让邹竞退缩，反而磨炼了她坚强的意志。她要在黑暗之中点亮希望之光。如果说有什么可以不费力气就能完成，那么放弃肯定是其中之一。是的，放弃永远都是一件很容易的事情。然而，这也是一种让人一无所获的选择。有的人被生活的艰难动摇了初心，也有的人在一次次的挫折中放弃了梦想。而真正的强者，会把负面情绪——击破，朝着目标坚持不懈地前进。唯有不畏前进路上的荆棘密布和艰难险阻而坚持到底，才能够在一次次的磨难中成就非凡。真正能够让人有所收获的永远都是那一份永不言弃的咬牙坚持。艰难困苦的生活锻造着这位江南姑娘的坚毅。这就是人生的定位，意味着无怨无悔地奉献青春和热情。在邹竞的心中只有一个信念，将自己的命运和中国感光材料工业紧密地联系在一起。

希望必将随太阳一起升起。

从 1960 年底到 1965 年底，邹竞在短短 5 年内先后研制成功公安侦察用 BH-1 型 850 红外胶片、航空摄影用 BHH-1 型 750 红外航摄胶片和 BQHH-1 型全色红外航摄胶片，填补了国内空白，打破了国外的技术封锁，满足了当时国防军工的急需。1965 年，这 3 种红外军工胶片通过部级鉴定，并获国家科委科技成果登记。这 3 项研究成果渗透着邹竞和同事们的心血和汗水。他们饱尝了困难时期科研工作的艰辛，也品味到了初获成功的喜悦。这也是邹竞在她 50 多年科研生涯中，留下的最初的一串足迹。如果说，人生是一首交响乐，那么进厂初期这 5 年艰苦岁月的磨炼，仅仅是序曲。

还没来得及品尝成功的喜悦，一场更大的灾难又向她袭来。在这期间，邹竞留苏时的照片全被毁掉，旧衣服也都没有了。从此邹竞被迫离开她从事多年的机密级军工科研项目，和丈夫一起被下放到厂里。"她是受我的牵连，为我吃了这么多苦，从来没有一点怨言，这一点令我非常钦佩。"说到心酸处，这对几十年风雨同舟的夫妻仍忍不住流下眼泪。

漫长 10 年的蹉跎岁月呀！本来起步就晚的中国感光材料工

业，又拉大了与国际同行间的差距。人生最酷的模样，就在于当别人都在生活的肆虐中败下阵来时，你依然咬牙向着顶峰攀登，在磨难中永不停息地攀登。

　　1978年春，改革开放的春风吹遍了祖国的大地，科学的春天来到了！这也是邹竞科研生涯中的春天。当领导把国家科委下达的"六五"国家科技攻关项目"100ASA高温快速加工彩色电影负片和民用彩色胶卷研制"任务和出国进修机会同时摆在邹竞面前时，邹竞内心充满喜悦，也充满矛盾。因为邹竞24岁时，曾想报考研究生，但未能如愿。可没想到42岁时，多年来一直盼望的深造机会终于来到了。这恐怕也是最后一次机会。但是，面对"六五"国家科技攻关项目，邹竞怎能把它放在一边不顾，而去圆自己的"出国深造"梦呢？一种强烈的责任感和使命感驱使邹竞毫不犹豫地选择了前者，放弃了出国进修的机会。在邹竞心目中，彩色电影负片和彩色胶卷是体现一个国家感光材料工业水平以及一个企业技术开发能力的标志。况且像中国这样一个拥有10多亿人口的大国，总不能长期依赖进口彩色胶卷。邹竞心想中国人既然能自力更生研制出原子弹、氢弹，那么也一定能依靠自己的力量研制出能与世界名牌产品媲美的彩色胶卷。

　　可是要研制成功高水平的彩色胶卷谈何容易。人们对彩色电影和彩色胶卷已经不再陌生，但要在银幕上、照片上获得那绚丽多彩的画面是多么艰难啊！小小的一个彩色胶卷，是由感蓝、感绿、感红 3 个感光单元层组成的十分复杂的体系，一般由十几层不同组分的涂层所组成。在总厚度大约只有 20 微米的感光层中，每平方毫米大约有 1000 万个卤化银颗粒和包含着近百种不同功能的化合物。通过拍摄和冲洗加工，这些化合物就在薄薄的感光层中进行各种化学反应，把自然界五彩缤纷、形态各异的景物准确地记录下来，并真实地再现出来。因此，其制造技术的精细度和难度，堪称精细化工中之最。

当时，这种高科技产品仅有美国柯达，日本富士、柯尼卡，德国阿克发等少数几家跨国公司才能生产。20 世纪 80 年代初，这 4 家公司在经历了 40 多年彩色电影负片和彩色胶卷的生产后，已步入新产品开发的成熟期。而我们中国才刚刚起步，很多新技术有待探索。因此，这是一场水平和实力异常悬殊的追赶，极具挑战性。正如马克思的一句名言："在科学上面是没有平坦的大道可走的，只有那在崎岖小路攀登上不畏劳苦的人，有希望到达光辉的顶点。"在探索彩色胶卷制造技术这条崎岖的道路上，邹竞和伙伴们艰辛地攀登了几十年。

"六五"期间，为了完成使命，创新科技，邹竞带领科研组大胆探索了双注法制备高感负性乳剂技术、显影抑制技术、双乳剂层彩色胶卷组装技术、满足高温快速加工工艺要求的坚膜技术。1983 年初夏，她患腰椎间盘突出症，被迫卧床休息。在病床上，她如饥似渴地翻阅了科学院感光所一位专家寄来的资料：美国柯达公司最新研制成功一种扁平片状卤化银颗粒，即甄粒乳剂。读后，她如获至宝，新的研究课题又在她脑海中孕育。于是，她从病床上爬起，经历了 7 年的苦苦探索，攻克了一个又一个技术难关后，1985 年，终于，她研制出中国第一代国产高温快速加工彩色电影负片和民用彩色胶卷。第一代国产彩卷的研制成功，虽然在中国彩色胶卷生产史上是一次突破，但其质量还只能接近 20 世纪 70 年代初美国柯达（Ⅱ型）彩卷的水平，在色彩还原度、颗粒度、清晰度等方面与 20 世纪 80 年代国外同类产品相比还存在着相当大的差距。1986 年，乐凯 100 日光型（Ⅱ型）彩色胶卷正式投入工业化生产。这一可喜的成果，实现了国产彩卷零的突破，从此结束了中国不能生产彩色胶卷的历史，为中国留住了无数"彩色"瞬间。

为了尽快追赶和缩小与国外名牌产品的差距，"七五"期间，邹竞除承担了国家"七五"重点科技攻关项目"ISO400 日光型彩色胶卷开发"的任务外，还承担了公司第二代产品 BR100 彩色胶卷的研制任务。她和同事们又踏上了新的征途。为此，邹竞对彩卷涂层结构体系和成色剂油乳分散体系进行了系统研究。在科研攻关紧张时刻，为了争取时间，她和专题组的同志们经常每天连续工作 10 多个小时，饿了靠方便面和榨菜充饥。对于邹竞和她的同事们来讲，要完成国产彩卷第二次质的飞跃并非易事，因为起点愈高，难度也就愈大。邹竞又面临新的挑战，仅 1988 年一年就进行了上千次的试验。试验成功后，她又到车间与工人们一起，跟踪每道生产工序，及时处理发现的问题。1989 年秋，经过 1 年零 10 个月，第一批 BR100 彩卷试制成功。邹竞带领课题组成员向伟大祖国 40 岁生日献上了一份厚礼。

1991 年元月起，BR100 彩卷开始全面取代乐凯（Ⅱ型）彩卷，受到国内摄影界和感光科技界专家及广大摄影爱好者的普遍好评。

为了让中国乐凯彩卷走向世界，在国际市场占有一席之地，1991 年邹竞又承担了"八五"国家技术开发重点项目——"ISO100 高清晰度彩色胶卷技术开发"项目。在这次攻关中，由于过度紧张和劳累，邹竞病倒了。1992 年夏天，她突然患上溃疡性结肠炎，硬是没有住院治疗。年底他们就拿出了第三代乐凯彩卷 GBR100 的试生产样品。

邹竞就是这样：不管身处什么样的境遇，不管扛着什么样的压力，不管经历什么样的苦难，都能够从容而坚强地走下去，咬着牙也要挺过去，在不断的学习中丰富自己。宝剑锋从磨砺出，梅花香自苦寒来，不经历风雨怎么见彩虹？人生就是一场历练，注定要经历苦难的磨炼。在充满理想憧憬的青春年华里"脚踏实地"；在离科学最近的地方做学问时"物我两忘"；在国家和民族的伟大复兴中"致大尽微"，这样才会开创出美好的未来和幸福，国家和民族的复兴才有希望。

"知识就是力量"是众所周知的至理名言，"激情也是力量"

是邹竞的人生感悟。海浪滚滚、人海茫茫，奔涌不息的是生命的激情！激情是与生俱来的性情，也是后天培养的结果。激情是生命长河中一道最亮丽的色彩，没有激情的日子是苍白的、乏味的，没有激情的人生很难有所作为，哪怕你有多高深的学识。所以，有人将激情比作生命的旗帜，因为它是对人类最具推动力的情感，是最灵动而魅力四射的。说到此，它常常让我们想起那些激情昂扬的英雄和志士、伟人和先哲。青少年时代不乏激情，它源于理想，源于对知识的渴求和对英雄的崇拜。

邹竞青少年时，最崇敬的是居里夫人。她迷恋变幻莫测的化学世界。化学激发起邹竞奋发努力、积极进取的学习激情。由此，邹竞将学习当作她人生的最大乐趣。

邹竞也是个极有魅力的人。她熟读托尔斯泰、屠格涅夫、莱蒙托夫的原文，她对实现现代化也有非常辩证的理解：花钱可以买设备、买技术，但买不来现代化，因为操作和使用技术、设备还是要靠高素质的人。

她博学，面对纷乱的技术信息、专利文献，总能够"破译"其密码。她不因循守旧，面对苦思不得其解的难题，往往"射"出一缕彻亮的电光。例如在一次试验中，她突发奇想，提出一个非常规的化学增感方法。由于受设备条件限制，这个方法屡屡受挫。别人觉得根本不可能实现，她却坚持改善条件继续试验，结果一下子把感光度提高了30%！

人生的旅途漫长而不平坦。有许多困难需要去面对，有许多诱惑及浮躁之风向我们袭来。肌体的健康决定着生存的健康，而精神的健康和洁净决定着事业的健康和成功。这时唯有守住激情，不要让它冷却，更不要让它失落。始终满怀积极向上的激情，坚定自己的信念，才能保持生命的鲜活和色彩。

1960 年，邹竞学成归国，面对名城大都科研院所，她坚定地选择了正在摇篮中的我国感光材料工业基地——保定电影胶片厂（一胶前身），开始了事业起步。当时正值国家最困难的 20 世纪 60 年代，那种艰苦是邹竞未曾经历过的，但她发誓要报效祖国，用在国外学到的知识创建事业。因为胸中有一把点燃激情的火，所以邹竞毫不畏惧"饥寒交迫"，也从不畏惧困难。

当时，10 多人合住一间大通房，夏夜蚊虫叮咬，冬夜手脚冰凉，吃过"洋面包"的肠胃一时吃不惯"瓜菜代"，寒冬腊月一夜腹泻数次。不过，第二天清晨她眼泪就干了，她的工作热情和太阳一同升起，走进暗室就进入最佳工作状态。她和两个年轻的助手，从零起步，搞着号称"高精尖"的军工片，苦干 5 年，打破了国外封锁，填补了国内空白。

正当她在事业上展翅竞飞之时，遇"十年风雨"。当全国科技大会的春风徐徐吹来，邹竞动情地哭了。她把屈辱和不平留给过去，把开拓奋进献给现在和未来。她勇敢地向新的世界水平冲击，和中科院感光所合作，研制出我国第一代 5212 型高温快速加工彩色电影底片，并在此基础上研制出乐凯 100 日光型（Ⅰ型）彩色胶卷。

1985 年，经过 7 年卧薪尝胆般努力的邹竞，研制出我国第一代高温快速加工彩色电影负片和民用彩卷。其中 5212 型彩色电影负片成套技术经国家批准，向有关国家进行技术转让，这是中国感光材料制造技术第一次向国外输出。乐凯 100 日光型（Ⅱ型）彩色胶卷于 1986 年正式投入工业化生产，从而结束了中国不能生产彩色胶卷的历史。

乐凯 100 日光型彩卷投入工业化生产后，她又带领新的科研集体奋发努力，用 3 年时间开发出新一代乐凯 BR100 彩色胶卷。第 11 届亚运会期间，《人民日报》彩色版以整版篇幅刊登了用乐凯 BR100 拍摄的大型团体操盛况。乐凯 BR100 彩色胶卷又在第 21 届世界图像系统展览会、北京德光科学大会上亮相，受到中外专家和客商的关注和赞誉。岁月匆匆，乐也匆匆，苦也匆匆。邹竞崇尚的是创造性的劳动。她铭记居里夫人的名言："在捷径上得到的东西决不会惊人，当你在经验和诀窍中碰得头破血流的时候，你就会知道，在成名的道路上，流的不是汗水而是鲜血，他们的名字不是用笔而是用生命写成的。"为了事业，24 岁时她痛失过报考研究生的良机；28 岁时独生女刚满月就被送到苏州；42 岁时她又放弃出国进修的选择，不脱产进修了第二外语；1983 年因患腰椎间盘突出症躺在床上不能动弹，仍在翻阅资料，构思新的项目。她两次婉拒领导提拔，专注于自己的课题……

事业，在她的心中高于一切。一次，科研面临冲洗加工的紧急关头，地猫堵了，她急了，冲进厂长办公室。厂长一声令下，派消防车疏通了地猫。问题解决了，"通天人物"的名声也传开了，还有些风言风语，她没有时间去争辩，只能靠实实在在的拼搏，别无选择。1987 年 10 月，邹竞加入中国共产党，那天她流着热泪，祖露了一颗赤子之心，她终于被理解了。

其实，邹竞的个性和她的研究对象一样多层次多色彩。她爱登山，爱游泳，欣赏贝多芬、柴可夫斯基，读遍屠格涅夫和普希金的作品。她的服饰新潮得体，居室高雅舒适。她能给小外孙女做棉衣裤，能为家人奉出风味饭菜，和肩负重任的丈夫恩爱和谐，比翼齐飞。这一切，使她总是激情四射，洋溢着生命和创造的活力。

有一次，邹竞来到北戴河参加化工部专家休养活动，邹竞很想放松一下，尽情享受大海的爱抚，感受蓝天白云的辽阔。然而，自打化工部顾部长、贺部长在百忙中来看望大家后，她的心便失去了宁静。座谈会上，她与其他专家忘记了自己是休养员，围绕科技兴化，献计献策，谈得激情满怀，足足 3 个小时话都没说完。会后，她仍然心潮难平。面对大海，她心头澎湃着诗人的激情和想象。她从海的博大和永恒，联想到充满生机的民族感光材料事业。从日出东海，联想到伟大的祖国。她从那一簇簇浪花里、一群群海燕里找到了自己。她已经决意接受厂长的挽留，"超期服役"直到退休，因为世界呼唤着乐凯，乐凯一定要走向世界。

作为中国彩色胶卷的第一代产品，乐凯（Ⅱ型）彩色胶卷与20世纪80年代初国外同类产品相比，在颗粒度、清晰度和彩色还原等方面，均存有相当大的差距。为尽快缩小与国外名牌产品的差距，1988年，乐凯公司决定开发达到20世纪80年代初国际同类产品水平的第二代产品BR100彩色胶卷。邹竞还承担了国家"七五"重点科技攻关项目"ISO400日光型彩色胶卷开发"攻关任务。她和同事们再次踏上征途。

这是个激情燃烧的年代，是乐凯硕果累累迈大步，中国感光材料工业欣欣向荣的年代。"七五"期间，邹竞带领科研组对彩色胶卷涂层结构体系、成色剂油乳分散体系进行了系统研究，成功地掌握了组装彩色胶卷的多项实用制造技术，其中包括影像控制层技术，品红染料影像和青染料影像的有害吸收校正技术，入射光线中紫外光线的消除技术，感蓝、感绿、感红3个感光单元层中化学平衡、照相性能平衡、彩色平衡的控制技术等。在提高彩色胶卷的感光度和清晰度、降低颗粒度、改善彩色还原和细部还原性能等方面取得了突破性进展。

邹竞和同事们以敏锐的专业眼光察觉到，中国新一代彩色胶卷已应用了国际20世纪80年代彩色胶卷制造新技术，乐凯彩色胶卷有了质的飞跃。作为第二代产品，乐凯GBR100彩色胶卷与其前身乐凯（Ⅱ型）彩色胶卷相比，感光度从 ISO80 提高到了 ISO100，分辨率从 60 线 / 毫米提高到了 80 线 / 毫米，均方根颗粒度则从 8 降至 7，基本上相当于 20 世纪 80 年代初国际同类产品水平，即柯达 VR100、富士 HR100 彩卷水平。新一代换代产品上市后，以其色彩艳丽、颗粒细腻、层次清晰、质感丰富等优点，受到国内摄影界和感光科技界专家及广大摄影爱好者的普遍好评。1992 年，乐凯 GBR100 彩卷荣获国家科技进步二等奖。邹竞一生所追求的，就是要为中国感光材料工业研制出一流水平的彩色胶卷。

第二代产品 BR100 彩色胶卷的研制成功，给邹竞带来了喜悦和欣慰，但她并没有因此而陶醉。相反邹竞清醒地意识到，中国国产彩卷要走进国内广大消费者的家门，甚至走出国门，走向世界，在国际市场占有一席之地，乐凯彩卷的质量必须再上一个新台阶。当乐凯 GBR100 给用户留下美好的印象的时候，当乐凯广告在中央电视台"永远地永远"唱着歌儿的时候，邹竞带领专家组又冲顶完成了"七五"国家重点攻关项目"ISO400 日光型彩色胶卷开发"的攻关任务。1991 年，邹竞又承担了"八五"国家技术开发重点项目"ISO100 高清晰度彩色胶卷技术开发"，目标瞄准 20 世纪 80 年代末 90 年代初柯达至尊金奖 100 彩色胶卷和富士 SUPER HR100 彩色胶卷的水平。其技术特点是使 ISO100 彩色胶卷的实用感光度提高到 ISO125 的同时，清晰度，即分辨率要达到 100 线／毫米。这就好比跳高运动员，当他跳过一定高度后，哪怕再提高 1 毫米，也会十分困难。对邹竞和她的同事们来讲，要完成国产彩卷第二次质的飞跃也非易事。因为起点愈高，难度也就愈大，邹竞又面临新的挑战。

"乐凯走向世界"的口号响彻乐凯园区，这是乐凯人高举民族工业的大旗，不懈追求的崇高理想。

邹竞又开始追寻新的技术突破口。她进一步分析了构成现代彩色胶卷的三大关键技术，即新型卤化银乳剂制备技术、彩色胶卷组装技术，以及新型功能性成色剂和化合物的应用技术。这三者是相辅相成，缺一不可的。邹竞再度与中科院感光所合作，共同研制开发出新型板状复合结构卤化银乳剂。另外，根据现代彩色胶卷涂层结构变化的新发展趋势，邹竞提出了采用三层结构代替双层结构这一新的涂层设计思想，并在涂层中应用了一系列新型功能性成色剂和化合物等新的照相有机物。实践证明，上述设计思想和采用的关键技术，确实起到了至关重要的作用。邹竞让乐凯做到了，冲出了国门，走向了世界。她近乎离奇的工艺策划，源于丰厚的基础理论支撑和长期科学实践的深厚积累。同时，也得益于她具有艺术家一样的激情和灵感。

邹竞常说："知识就是力量，激情也是力量。"在化学万花筒的奇妙变化中，她靠知识和激情，不断破译感光材料深奥的密码。第三代产品 GBR100 彩色胶卷（金乐凯）与第二代产品 GBR100

彩色胶卷相比，总体水平有了长足进步，感光度从 ISO100 提高到 ISO125，分辨率从 80 线／毫米提高到了 100 线／毫米，均方根颗粒度从 7 降至 6。这表明，乐凯 GBR100 彩色胶卷的质量，又登上了一个新台阶，基本上达到了 20 世纪 80 年代末 90 年代初美国柯达至尊金奖 100 彩色胶卷和富士 SUPER HR100 彩色胶卷的先进水平。1993 年 10 月，乐凯 GBR100 彩色胶卷投入工业化生产。这使得国产彩卷的性价比，已能与进口名牌彩卷相抗衡，使进口彩卷在中国市场上的售价明显低于其在本国和国际市场上的售价。这无形中对国内市场上进口彩色胶卷的价格起到一定的调控作用。

你看，那不足发丝厚的彩色胶卷感光层，是由十几层不同组分的涂层组成的。其中包含着近 1000 万个卤化银顺粒和近百种不同类型、不同功能的化合物。因此，其制造技术的精细度和难度堪称精细化工之最。乐凯 GBR100 彩色胶卷的面世，引起国内外摄影界的极大兴趣。1993 年，在海峡两岸珠峰联合登山活动中，随行记者及登峰队员曾用 GBR100 彩色胶卷在零下 40°C 低温恶劣气候条件下，拍摄了这次登山活动。摄得的照片画面清晰、颗粒细腻、彩色还原真实，显示了国产第三代彩卷过硬的质量。在第二届中国摄影艺术节上，香港著名摄影家陈复礼先生看到用乐凯 GBR100 彩色胶卷拍摄的照片，激动万分，当场题词"质量有很大进步，可喜可贺"。1994 年 1 月，俄罗斯著名摄影家符拉基米尔·里亚巴科夫，在世界最寒冷的西伯利亚北部，用乐凯GBR100彩色胶卷、日本佳能NUFI相机进行拍摄。不料，在零下50°C的严寒条件下，佳能相机竟出了故障，而乐凯GBR100彩色胶卷却经受住了考验，获得了理想的摄影效果，再次显示了新一代彩卷的过硬质量。1994年6月，"国际名家乐凯摄影艺术展"在北京民族文化宫展出。这次展览的120幅精美作品，是由美国、英国、加拿大、俄罗斯、日本、墨西哥、瑞典7个国家的10位国际知名摄影家，用乐凯GBR100彩色胶卷拍摄制作的。拍摄内容广泛，题材各异。这些作品色彩鲜艳、质感细腻、层次丰富、张张精美，使参观者大为赞叹。这些作品在反映大师们精湛的摄影技术的同时，也印证了中国乐凯彩色胶卷的质量正在走向国际专业水平。10位名家都是初次使用中国乐凯彩色胶卷。使他们感到惊讶的是，中国乐凯GBR100彩色胶卷的色彩还原、颗粒特性等竟如此优良，让他们获得了非常理想的摄影效果。他们对乐凯GBR100彩色胶卷给予高度评价，可用10位摄影名家中最年轻的英国水下摄影家查尔斯·派克斯坦的话作为代表："我很高兴地说，乐凯GBR100彩色胶卷是乐凯胶片公司以及中国人民的荣誉，中国人民可以满怀信心地在任何需要的时候，使用乐凯GBR100彩色胶卷。"这一席发自肺腑的赞叹话语，是对中国乐凯彩卷质量做出的公正评语，也是对邹竞等研制者们的褒奖。这次摄影联展表明，中国彩色胶卷将走向世界。

庄浦四院士 \ 感光材料专家 邹竞

中国继美国、德国、日本之后，成为世界上第四个能自行研制、生产彩色胶卷的国家。乐凯成为中国民族工业的骄傲，奏响了中国彩色胶卷恢宏壮丽的交响乐。乐凯真正地走向了世界，走进了全世界人的生活。

主持研制了三代乐凯彩色胶卷，与乐凯命运休戚与共的邹竞，她的人生华美旋律成为乐凯雄浑壮歌的强音。邹竞事业有成，硕果累累。她主持研发的乐凯系列感光产品累计为国家创利税 2 亿 6000 余万元，出口创汇 2157 万美元，产品销往 40 多个国家和地区，取得了巨大的经济效益和显著的社会效益。

各种奖励和荣誉也纷纭而至。1984—1988 年，邹竞获"六五"国家科技攻关奖，邹竞还成了厂劳模、省"三八"红旗手，还曾荣获中国感光研究会技术革新奖。她在获得国家科技进步一等奖、二等奖，何梁何利基金科学与技术进步奖等多种奖项的同时，1988 年被国务院人事部授予"中青年有突出贡献专家"称号；1991 年获政府特殊津贴；1992 年被化工部授予全国化工"有重大贡献的优秀专家"称号；1993 年获全国五一劳动奖章；1994 年获全国"三八"红旗手称号；1996 年被中共中央组织部授予"全国优秀共产党员"称号；1997 年被中国科协授予"全国优秀科技工作者"称号；2008 年荣获 2008 年度河北省院士特殊贡献奖；2009 年荣获 2009 年度河北省科学技术突出贡献奖。邹竞被誉为乐凯科研一线的常青树。

086

　　正如居里夫人发明镭，并非为了日后获得诺贝尔奖一样，对邹竞来讲，这些奖励和荣誉的获得是她始料不及的。她的初衷和目的，只是肩负着一份沉甸甸的使命，只是乐此不疲地享受感光材料研究过程中的辛苦和快乐罢了。她所追求的，是要为中国感光材料工业研制出一流水平的彩色胶卷。在乐凯大舞台上尽展才能，她的名字和人生与乐凯融为一体。她有幸成为中国工程院首批院士，而来自企业的院士凤毛麟角。在苏州中学校园"院士廊"里，30多位院士照片中，邹竞的照片是唯一的彩照，那是她特意用自己研制成功的乐凯彩色胶卷拍摄的。

　　20世纪90年代中期，中俄关系逐渐解冻。自1994年起，邹竞与俄罗斯专家开展了一系列合作研究。首先是在卤化银T颗粒乳剂制备及其光谱增感机理和稳定技术方面的研究，并应用于ISO200、ISO400彩色胶卷，以及新一代通用型医用感绿X射线胶片中。2002—2003年，又开展了超细均质氯溴化银立方体乳剂制备及其掺杂技术的研究。在此基础上成功地研制出医用氦氖激光影像胶片和医用红外激光影像胶片。试制成功的新一代通用型医用感绿X射线胶片、医用氦氖激光影像胶片和医用红外激光影像胶片样片，经上海、天津、南京、镇江等市的数家三甲医院试用，均得到高度评价和认可，认为可与同类进口胶片产品相媲美。

　　邹竞一路风光，一路激情澎湃，行走着自己的多彩人生。

进入 21 世纪以来，随着科学技术的不断进步，数字成像技术已逐步取代传统银盐照相技术，成为当今摄影领域不可逆转的主流，这是科技进步所趋。数字化时代的来临，使乐凯公司面临一场生存危机的严峻挑战，公司必须与时俱进，尽快调整产品结构，以求得生存和发展。

此时，邹竞虽已年届古稀，但宝刀不老，工作激情丝毫未减。在乐凯处于艰难转型期时，作为乐凯研究院首席专家，她根据市场需求，经过深思熟虑，以超前的意识和职业的敏感，快速调整主攻方向，带领年轻科技团队开拓新的研究领域。随着公司产品结构从感光材料向光学薄膜材料和功能薄膜材料方向调整，邹竞也随之将研究领域转向功能薄膜材料研究。

近年来，由邹竞带领的科研团队，创新性地将乐凯公司长期积累的银盐胶片制造技术与 PET 薄膜制造技术相结合，研制出利用卤化银在 PET 薄膜上形成金属网格图案的透明导电膜。这一成果可用作等离子电视的透明电磁波屏蔽（EMI）膜、触摸屏和柔性有机太阳能电池的阳极，还可延伸到制作 RFID 电子标签超高频（UHF）天线等领域。

值得一提的是，由于采用宽幅卷对卷的制造方式，银盐法制备透明导电膜能实现连续化工业生产，与其他功能膜进行复合处理也比较容易实现。同时，还可充分利用乐凯公司现有感光胶片生产线，以减少项目设备投资和降低制造成本。该项目在完成大量实验室研究及工程化研究基础上，一条中试生产线已建成，并投入试生产。

与此同时，邹竞还带领另一个科研团队，成功地研制开发出太阳能电池背膜。太阳能作为一种干净、清洁、无污染、取之不尽的自然资源，越来越受人们的青睐。制造太阳能电池，利用太阳能发电是能源利用不可逆变的潮流，已成为最具潜力和发展前景的新能源产业。太阳能电池背膜的作用是保护太阳能电池硅片在野外恶劣环境下20年内都能正常工作，所以它必须具有良好的耐候性、防潮性、绝缘性等特性。全球生产太阳能电池背膜的厂家主要分布在美国、德国、奥地利和日本。目前制作背膜的主要原材料是聚氟乙烯（PVF）膜和聚对苯二甲酸乙二醇酯（PET）膜。其中所用的PVF膜为杜邦公司独家生产。这致使原材料供应被杜邦公司所垄断，产品利润空间受限，市场产品同质化明显。为此，邹竞带领科研团队研究开发具有自主知产权的太阳能电池背膜材料，替代杜邦公司所垄断的TEDLAR PVF薄膜，以免原料受控于人，同时还可降低产品的生产成本。经过不到3年的努力，一条具有自主知识产权的太阳能电池背膜生产线于2010年6月正式投产，成为中国乐凯胶片股份公司新的经济增长点。

邹竞认为，人的一生寿命是短暂的，但科学技术的进步是无限的。求知欲和创造力是可以点燃和传承的，即薪火相传，泽被后世。

　　她有"野心"，对研究组里年轻同事要求很严，从烧杯的洗涤、计量的精确，到温度时间的严格把握，甚至头发、衣领和指甲的保洁都关照到了。有人因研究组的巨大付出和微薄收入发牢骚，她绝不通融。她希望在他们中间将来不仅出工程师，更要出院士，中国的民族工业一定要后人超过前人……与邹竞合作过的外国专家由衷地说，年轻人在她这里学到的东西，比念 3 年研究生学到的多得多。她把培养青年人作为义不容辞的责任。她在天津大学化工学院任博士生导师，先后培养博士生 7 名、硕士生 2 名。她希望引导更多的后来人去攀登新的科技高峰，为中华民族的科技进步、国富民强去施展才干，去建功立业，她要让科学的春天永不止步。

第三章

中国胶片之王

　　1960 年，邹竞以优异的成绩学成回国。因为祖国的召唤，她毅然放弃了北京、上海名城大都的繁华，选择了生活条件艰苦的北方古城保定。在简陋的科研环境和缺衣少食的艰苦生活中卓绝奋斗，这样的选择就是她人生的定位，就意味着无怨无悔地奉献青春和热情，意味着从一而终的赤诚与坚守。从此，邹竞一路追寻彩色人生，她的命运又和中国感光材料工业紧密地联系在了一起。

　　英雄不问出身，做人莫欺少年，邹竞始终秉承着造福社会的初心和时代赋予的使命马不停蹄。邹竞的攻关小组采用了超增感技术和真空包装技术，攻克了红外增感染料增感倍率低、红外胶片保存性差的技术难题。之后，在设计全色红外航摄胶片时，邹竞又提出了采用双层涂布方案，即上层为红外感光层，下层为全色感光层，首次创新性地将双层涂布技术用于制造黑白航摄胶片，既解决了红外增感染料对全色增感染料减感作用的难题，又增大了胶片曝光宽容度，邹竞的科研创新能力也初露锋芒。

邹竞教授访问北京绿色印刷包装产业技术研究院并洽谈合作

　　国为重，家为轻；科学最重，名利最轻。先行人，定是披荆斩棘，把智慧锻造成阶梯，留给后来者。1962 年邹竞的特种红外胶片研制工作跨出了第一步。就在这一年的夏天，邹竞也收获了爱情。她与后来任中国乐凯胶片公司研究所所长、总工程师、技术委员会副主任的谢宜凤结婚。那时的婚礼异常简单，婚后夫妻俩就居住在保定胶片厂生活区的老 2 号楼的二楼东头阳面不到 15 平方米的一间房子里。这个宿舍原是单身宿舍，那时老 2 号楼的二楼东头已住有先前结婚成家的陈兆初、郭大梁、温荣谦、吴文素及谭绍勋几家，平时大家都在走廊里做饭，每天每家吃些什么一目了然，着实热闹非凡。邹竞夫妇则一直没有自己开火，一日三餐仍在食堂解决。只有节假日，偶尔用煤油炉做些菜，以改善生活。邹竞后来回忆起那时吃过的一道夹沙肉，至今不能忘记。那是她的一位同事的妈妈所做的一道菜，即在两片五花肉之间加以豆沙，那时有肉吃就不简单，还能吃上这样的美味真是口福不浅。味道远胜东坡肉、扣肉……

"十年风雨"期间，在事业与家庭两难之时，邹竞依然咬牙向着科技的顶峰攀登。在她的心灵深处有一个声音一直在回响：在人生旅途中，多一分磨难，就是多一分积累。人们常说忠孝不能双全，我对国家洗印科技的忠，就是对父母最大的孝！

在此期间，本来起步就晚的中国感光材料工业，又拉大了和国际同行间的差距。邹竞渴望着有朝一日，能获得一个真正能按照自己的想法来开发一项有重要意义的科研课题的机会。

彩色片室是当时研究所里最大的一个片种研究室，也是厂里最为倚重的一个胶片新片种研究开发单位。20 世纪 70 年代初，美国柯达公司在 52d7- Ⅱ 型彩色电影负片及柯达 Ⅱ 彩卷中首次成功地应用了释放显影抑制剂的成色剂（DIR 成色剂），使彩色负性胶片的清晰度、颗粒度得到了一次质的飞跃。早期的 DIR 成色剂（或称作第一代 DIR 成色剂）是在成色剂的活性偶合位上直接与显影抑制基团键联而成的直接释放型 DIR 成色剂。这类 DIR 成色剂与彩色显影剂的氧化产物（QDI）反应时所释放的显影抑制剂，极易被吸附在显影始点附近，造成减感。另外，由于这种吸附作用，致使显影抑制剂的作用不易达到远处。

　　我国的彩色片制造技术，最初是从苏联照搬过来的，是以水溶性成色剂（德国阿克发彩色体系）为基础的工艺技术。相对于美国伊斯曼柯达的以油溶性成色剂为基础的彩色片制造工艺技术，有一系列的先天不足：色彩不够鲜艳，不适宜于一次多层挤压涂布，等等。1970年开始，国家组织保定胶片厂、上海胶片厂、天津胶片厂、汕头感光化学厂、沈阳化工研究院、北京化工厂、上海轻工业研究所、上海染化八厂等单位进行攻关会战。从剖析国外电影胶片入手，做了大量结构合成。从中筛选出了分别适合于正片和负片的系列油溶性成色剂，由各胶片厂进行应用试验。

　　当时保定胶片厂以水溶性成色剂生产的彩色电影正片（简称水彩正）已开始大量生产，性能改进的重点是青层感光度衰退、黄色灰务等问题。但是彩色还原欠佳，特别是绿色还原不好，将军绿色还原成邮差绿，是根本性的问题。因此厂里十分重视油溶性彩色电影正片（简称油彩正）的研发工作。研究所彩色片室下设彩色电影正片、电影负片、彩色中间片以及彩色反转片等专题组。一些专题组组长和骨干不少是技校毕业生，动手能力比较强。专题组的同志从油溶性彩色剂的溶剂高速搅拌乳化分散开始，到多层乳剂中的应用、反差性能的调整，直到挤压涂布试验等工作内容，从小试、中试到车间放量生产，夜以继日攻关奋战，终于取得了相当的进展。

　　为了参加1974年6月化工部和轻工部在北京召开的油溶性

成色剂及彩色正片初步鉴定暨技术交流会，谢宜凤写了一份小结材料介绍邹竞的油溶性成色剂及彩色正片攻关情况以供会议交流。这份材料得到了时任一胶党委书记康苇军的充分肯定。文化部电影局司徒慧敏副局长还特别关心彩色电影底片的国产化，为此特地促进组织"科研、生产、使用"三结合的彩色负片试验小组。由新影厂派出了有经验的摄影师包万俭和一名助手到保定，共同组成彩底拍摄试用小组，油彩底专题组的王崇德和郭振具体参与了小组的拍摄、试片，实际了解彩色底片的拍摄性能，以作为研发改进的依据。试用小组经过一年多的内景、外景的拍摄使用，对彩底的性能改进，起到了促进作用。一些使用经验也被推荐给其他制片厂用户做参考，使保定厂的彩色电影底片有了更多的使用机会。

1977 年 7 月化工部二局召开了一次由全国感光材料相关企业、科研、学校等单位参加的座谈会，意在总结前一阶段的经验教训，研究如何真正把感光材料科研工作搞上去，努力赶超世界先进水平。座谈会将为全国科技大会的召开做准备，拟在 8 月中旬搞好感光材料科研规划：三年目标、八年规划和二十三年的设想。规划要有技术政策、重大课题、主攻方向、技术措施等。这次座谈会，就规划问题初步交换了意见。准备以保定厂为基础，请有关单位派员参加成立规划小组，要求 8 月中旬搞出初稿进行讨论。各单位回去后可先搞一个本单位的规划。这是化工部组织召开的唯一一次有关感光材料科研工作的座谈会。这次座谈会为邹竞在感光材料科研上大展宏图吹响了冲锋号。

于是在中国感光材料工业征途上，邹竞便同乐凯彩卷命运始终紧密相连，"中国胶卷之王"——中国乐凯胶卷走向世界的步伐铿锵有力了。邹竞成功研制三代彩色胶卷，实现了中国人的彩色之梦。彩色胶卷诞生于 20 世纪 30 年代初，至 20 世纪 80 年代已经有 50 多年的历史。邹竞和她的科研组从 20 世纪 70 年代末开始研制彩色胶卷，仅用了 10 年左右的时间就赶上了国际上 50 多年的发展水平。这期间有多么艰辛，多少付出，不言而喻。

1978 年，国家科委通过化工部向厂里下达了"六五"国家科技攻关项目"100ASA 高温快速加工彩色电影负片和民用彩色胶卷研制"的任务。邹竞义不容辞地和同事们一起担起"六五"项目的攻关使命。那时候查资料极不方便，要到北京专利馆去查。邹竞早上 6 点就到专利馆门前排队，8 点钟开馆以后拿了号，借了有关专利资料去复印。复印也得排队，因为没那么多的复印机，600 多页纸排队都排得心焦。邹竞看完这 600 多页资料后，写了一份研究综述，梳理了国际上的研究成果，同时找到了自己的研究方向，并向科研组做了报告。要做世界上最先进的东西，取人所长，补己之短。以前上课的时候知道彩色胶卷的原理，但是到具体做东西时，样样都很难。当时条件简陋，没有现成的设备，邹竞从废旧仪器设备上拆下可用的部件，用两支兽医用的大号针筒加料，装配了一台十分简陋的双注乳化装置，并用它进行最初的探索性试验。虽然承担科研项目的难度大、风险大，但这却是感光材料皇冠上的一颗明珠，是体现一个国家感光材料工业水平和一个企业技术开发能力的标志。她坚信：中国人既然能让原子弹、卫星上天，也定能让彩色胶卷出"彩"！

在经历了 7 年的苦苦探索，攻克了一个又一个技术难关后，1985 年，她终于研制出中国第一代国产高温快速加工彩色电影负片和民用彩色胶卷。其成套技术转让给民主德国沃尔芬胶片联合企业，换回了民主德国高密度计算机磁带的成套技术。经历自主创新，实现了国产彩卷质的飞跃。这是中国感光材制造技术第一次走出国门，向国外输出。1986 年，乐凯 100 日光型（Ⅱ型）彩色胶卷（简称乐凯Ⅱ型彩卷）正式投入工业化生产，实现了国产彩卷零的突破，从此结束了中国不能生产彩色胶卷的历史。该项目获 1988 年国家科学技术进步奖一等奖。

日常生活中，人们对彩色电影、彩色照片已不陌生。改革开放初期，国外的彩色照相逐渐进入千家万户，国内迅速掀起了一股彩照热，但是昂贵的外国胶卷让当时还不太富裕的多数家庭望而却步。何况，又有多少人知道，要在银幕上、照片上获得那绚丽多彩的画面是多么不易呀！要知道，一卷小小的彩色胶卷，要由感蓝、感绿、感红 3 个感光单元层组成十分复杂的体系，一般由十几层不同组分的涂层所组成。每个感光层中其彩色影像形成的化学反应并不是独立存在的，而是与邻层有着密切的有机联系。只有精确地、恰如其分地控制好各层间的化学平衡，才能达到各层间的照相性能平衡和彩色平衡，最终才能把自然界五彩缤纷、形态各异的景物准确地记录下来，真实地再现出来，才能在胶卷上获得理想的彩色负像。因此，彩色胶卷制造技术的精细度和难度堪称精细化工之最，这也正是彩色胶卷的魅力所在。在当今世界经济发达国家中，也只有美国柯达，日本富士、柯尼卡，德国阿克发 4 家公司掌握此项技术并能生产这种高科技产品。20 世纪 80 年代初，上述 4 家公司在经历了 40 多年彩色电影负片和彩色胶卷的生产史后，已步入了新产品开发的成熟期，而我国则刚刚起步。因此，这是一场水平和实力异常悬殊的追赶，极具挑战性。由于当时中国感光界与国际同行中断了 20 多年的技术交流尚未恢复，为了了解国际照相化学研究领域最新研究成果，以及国外彩色胶卷制造的最新技术和研究动向，在当时的状况下，唯一的途径是查阅大量的文献及专利资料。邹竞默默埋头浩瀚的文献和专利资料中，潜心阅读，仔细思考，反复推敲，再进行去伪存真的分析。在邹竞的脑海中，研制国产彩卷的第一幅蓝图逐渐清晰呈现——这是邹竞和所有乐凯人的彩色梦，也是中国人的彩色梦。1982 年，在邹竞带领下，化工部第一胶片厂（乐凯前身）开始了彩色胶卷的研发。

中国继美国、德国、日本之后，成为世界上第四个能自行研制、生产彩色胶卷的国家。乐凯成为中国民族工业的骄傲。

1995 年 10 月 11 日,《人民日报》的一篇文章让乐凯胶卷有了另一个称呼——"民族胶卷"。在当时,一盒美国或日本胶卷在国外的售价基本都在 5 美元,而在中国只要 2.5 美元,基本是全球最低价。这一切,是因为有国产乐凯胶卷的存在,抑制着国外产品的价格上涨,让老百姓用上了便宜实惠的胶卷相纸。

邹竞一生所追求的,是要为中国感光材料工业研制出一流水平的彩色胶卷。乐凯 GBR100 彩卷是邹竞带领科研组研制出的乐凯第二代彩色胶卷,也是中国彩色胶卷的第二代产品。一盒小小的乐凯胶卷,点亮了一代人的青春,让祖国的山河披上了彩色的外衣,也见证了民族工业的崛起和变迁。至此,世界上彩色胶卷的五大名牌除了美国的柯达,日本的富士、柯尼卡,德国的爱克发,还有中国的乐凯。在第 50 届世界统计大会上,国家统计局和中国技术评价中心对国内胶卷的产品质量、市场占有率及其在消费者心目中的品牌地位等多项内容进行综合调查统计后,授予中国乐凯胶卷"中国胶卷之王"称号。1998 年,乐凯商标被国家工商局授予"中国驰名商标"荣誉称号。邹竞等乐凯人以其自力更生、艰苦创业、无私奉献精神在一步一步地实现着"乐凯走向世界"的目标。"乐凯"成为一个真正享誉世界的响当当的品牌。

为争取国人对民族感光工业的理解,她曾挺起瘦小的身躯奔走呼号。为取得中央领导同志的支持,她曾在中南海两院院士座谈会上向当时任国务院副总理的朱镕基面述自己的观点，并请求朱镕基副总理的支持。会后，朱镕基副总理马上派人将乐凯急需的贷款落到实处。为倾诉国产胶卷所遭受的不公正待遇，邹竞院士也曾在人代会上流下激动的泪水……

让邹竞感到欣慰的是，乐凯的科研人员没有辜负国务院领导的支持和国人的期望，他们咬住当今世界先进的 T- 颗粒乳剂制造技术，在高感微粒方面取得了突破。最新一代 GBR100 乐凯彩色胶卷能够与柯达、富士相媲美。1997 年国家技术监督局对中国市场上销售的彩色胶卷进行抽查，检测结果表明，乐凯 GBR 彩色胶卷的分辨颗粒度、曝光宽容度和物理性能已达到国外同类产品先进水平。乐凯经受住了难度较大的水下摄影和南极低寒带、非洲高温带作业及婚纱人像摄影的考验。难怪英国著名摄影大师查尔斯会竖起大拇指惊叹："乐凯胶卷是中国人的骄傲！"1997 年 7 月，在举世瞩目的香港回归的日子里，一位香港摄影家用国产乐凯胶卷留下了一组人民解放军进驻港区的具有历史意义的珍贵照片，再一次展示了"中国胶卷之王"的风采……

中国的知识分子历来崇尚以天下为己任，有浓厚的家国情怀，有强烈的社会责任感。时代造就了邹竞，邹竞不曾辜负时代，到了晚年希望自己能尽最大的努力，为祖国再培养一些化学领域的接班人。她始终在科技的道路上奉献大爱——真正地热爱科学研究，关心爱护自己的团队，心甘情愿地为大家，特别是年轻人铺路搭桥，创造条件，甘当绿叶，给年轻人创造更多施展拳脚的空间，这样，就一定能人尽其才，才尽其用，让技术创新薪火相传，在自主创新之路上为助推世界科技强国建设做出应有的贡献。

在美国纽约州罗彻斯特市召开的国际感光科学大会上，邹竞一露面便被外国同行们包围起来，他们纷纷询问邹竞的近期打算，她微笑着回答："目前我主要是培养一批年轻人。在科研上再上一个新台阶……"

于是，邹竞急流勇退，在离开了保定这个她工作了几十年的地方后，于年近古稀，在其人生道路上又做出了一次选择。在天津市人力社保局积极沟通、多方协调下，邹竞应天津大学之邀，在天津大学建立了一个自己的实验室，邹竞担任天津大学化学工艺学科博士生导师，开展纳米银方面的科研和人才培养工

2012 年 5 月 19 日至 21 日，邹竞在全国化工类专业卓越工程师与实践教学经验交流会上发表讲话

作。做好博士研究生的培养与传承，把培养青年人作为自己义不容辞的责任，决意倾心竭力引导更多的后来人去攀登新的科技高峰，为中华民族的科技进步、国富民强去施展才干，去建功立业。她坚信，长江后浪推前浪，一代更比一代强。

附录

邹竞年谱

邹　竞（1936年2月9日—　）

出生于　上海

籍　贯　浙江平湖乍浦

中国共产党党员

1945年　随全家避乱，从上海迁居苏州。

1954年　于苏州高级中学毕业，被录取为留苏预备生，在北京俄语学院专修1年俄语。

1955年　赴苏联列宁格勒电影工程学院，攻读电影胶片制造及洗印加工专业。

1958年　在乌克兰肖斯卡市的苏联第三胶片厂实习。

1960年　以优异的成绩毕业于苏联列宁格勒电影工程学院，获工艺工程师学位。学成回国，分配到保定电影胶片厂（现中国乐凯胶片集团公司前身）工作，负责特种红外军工胶片的研制。

1961 年　研制 BH-1 型 850 红外胶片成功。

1965 年　通过化工部组织的部级鉴定，并获国家科委科研成果登记。

1966 年　成功开发供公安侦查用的 BHH-1 型 750 红外航摄胶片和军用 BQHH-1 型全色红外航摄胶片。

1978 年　开始研制民用胶片。接受"六五"国家科技攻关项目"100ASA高温快速加工彩色电影负片和民用彩色胶卷研制"任务。

1985 年　成功研制出我国新一代高温快速加工5212型彩色电影底片。

1986 年　研制出第一代国产彩色胶卷，即乐凯100日光型（Ⅱ型）彩色胶卷，实现国产彩卷零突破，获化工部科技进步二等奖。

1987—1990 年　研制开发了第二代乐凯彩卷（乐凯 BR100 彩色胶卷）。

1988 年　获得国家科技进步一等奖，被国务院人事部授予"中青年有突出贡献专家"称号。

1991 年　获政府特殊津贴。

1991—1993 年　承担"八五"国家技术开发重点项目"ISO100 高清晰度彩色胶卷技术开发"。

1992 年　获国家科技进步二等奖。被化工部授予全国化工"有重大
　　　　贡献的优秀专家"称号。

1993 年　获全国五一劳动奖章。成功研发出第三代乐凯彩色胶卷
　　　　（乐凯 GBR100 彩卷），使我国成为继美、德、日之后第
　　　　四个能自行研制、生产彩色胶卷的国家。当选第八届全国
　　　　人大代表。

1994 年　当选中国工程院首批院士。获全国"三八"红旗手称号。

1995 年　获化工部科技进步二等奖。

1996 年　获年度何梁何利科学与技术进步奖，被中共中央组织部授
　　　　予"全国优秀共产党员"称号。

1997 年　被中国科协授予"全国优秀科技工作者"荣誉称号。

1998 年　当选第九届政协委员。

　　21 世纪，从事新一代医用胶片研究。研制出通用型医用感绿 X
射线胶片、医用氦氖激光影像胶片和医用红外激光影像胶片，研发
出拥有自主知识产权的透明导电膜和太阳能电池组件用背膜，并已
投入产业化生产。

2008 年　获河北省院士特殊贡献奖。

2009 年　获河北省科学技术突出贡献奖。

2010 年　任天津大学化工学院博士生导师。

陈毓川
矿床地质专家

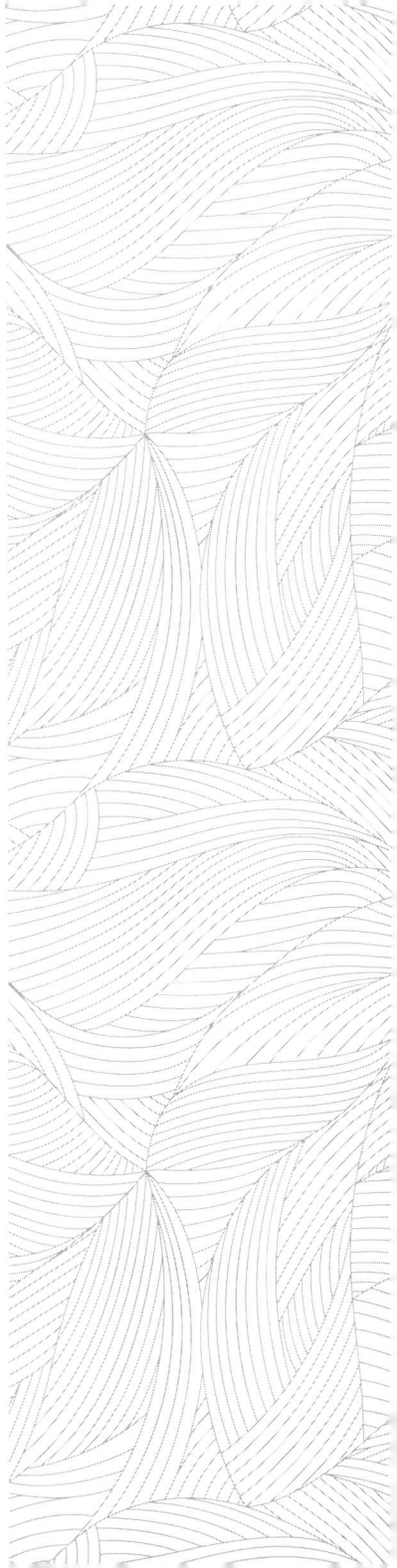

第一章

激情燃烧的岁月

　　陈毓川是中国地质科学院研究员、矿床地质专家，长期从事矿床地质、地球化学、区域成矿规律、成矿预测研究及勘查工作。在锡、钨、铁、铜、金等矿床，桂北、宁芜、南岭、阿尔泰地区及全国区域成矿规律、矿床成矿模式、矿床成矿系列研究领域和矿产勘查工作中做出了突出贡献；系统、深入研究了广西大厂超大型锡多金属矿床、矿带地质，为指导找矿、扩大探明储量，以及总结成矿规律做出了贡献；深入研究了宁芜、庐枞、南岭、阿勒泰及全国区域成矿规律及找矿方向，提出了宁芜玢岩铁矿成矿模式，开拓区域矿床成矿模式研究领域；研究了江西枫林钨铜矿床，首次在国内外揭示出钨在硫化矿床氧化带中的地球化学行为；系统总结了华南花岗岩有色、稀有矿床及陆相火山铁矿成矿规律，促进了全国火山岩区及花岗岩区的地质找矿工作；与程裕淇等研究提出矿床的成矿系列概念，发展区域成矿理论，广泛应用于指导找矿。"六五"以来至 1998 年，陈毓川负责地矿部门固体矿产勘查工作。"七五"期间负责全国找金矿工作，取得显著成绩，为国家找矿工作做出了突出贡献。在任地质矿产部地质矿产司司长和部总工程师期间，对推动地质找矿、黄金储量较大幅度增长以及低品位金的堆浸提取技术的推广等起了重要作用。此外，出版专著 20 部，在国内外发表论文 90 余篇。

堪称地矿赤子的陈毓川作为负责人参与完成 23 项重大矿产资源研究、咨询项目。其中有 8 项是国家科技攻关项目，在锡、铁、金、铜、铅、锌等矿产区域成矿规律、矿床成矿模式、矿床成矿系列研究领域中做出了突出贡献。

科学家总是对所研究的领域具有异于常人的敏感性和前瞻性。1965 年，在江西东乡铜矿，陈毓川和唐兴信等人研究了钨在硫化物矿床氧化带中的地球化学行为，确定了一种钨铜共生的矿床类型和含钨铁帽的成因。20 世纪 60 年代初，他作为广西大厂超大型锡多金属矿床研究组的负责人，研究、总结了成矿规律，提出了龙头山深部及马关—文山一带找锡的远景，后经钻探证实。

20 世纪 70 年代初，陈毓川任研究队队长，从事宁芜地区铁（铜）矿成矿规律和找矿方向的研究。于 1974 年提出了"宁芜玢岩铁矿"的区域成矿模式，开拓了区域矿床成矿模式研究领域。此后，他又赴西藏、新疆、内蒙古、云南等地开展火山型铁矿研究，并于 1980 年在富铁矿科研交流会上宣读了报告"全国陆相火山岩铁矿成矿规律研究"。

前辈悉心护航，后生乘风破浪，取得了一个又一个骄人的成绩。1979 年，在程裕淇院士的领导下，陈毓川开展了矿床成矿系列研究。在"铁矿类型组""铁矿成矿系列""宁芜玢岩铁矿"模式的基础上，形成了"一定的地质作用及其有关的成矿作用在四维时空中可以形成成因联系的一组矿床"的思想，提出了矿床的成矿系列概念，相继发表了《初论矿床的成矿系列问题》《再论矿床的成矿系列问题》等论文。而后，陈毓川等人从四维时空角度研究了大厂矿带的成矿规律，建立了大厂矿带的区域成矿模式，对拉么矿床、云开地区的矿床预测均取得了成功。在南岭地区建立了燕山期与花岗岩类有关的 5 个矿床成矿系列，提出了矿床成矿系列类型的概念。在阿勒泰地区建立了与海西期岩浆活动有关的铁、铜铅锌、镍等矿床成矿系列。

"七五"期间，陈毓川在其主持完成的国家科委导向性研究项目和地质矿产部有关项目研究的基础上，进一步研究成矿预测的理论基础，出版了《中国矿床成矿系列初论》（合著，1998）、《中国矿床成矿模式》（合著，1993），编制了第一轮全国前寒武纪、古生代、中新生代成矿系列图（2000）。对桂北地区从中元古代到中生代的各时代成矿作用及时空演化规律进行了深入研究，建立了 5 个矿床成矿系列及区域成矿演化轨迹，提出了区域成矿谱系概念。

1992 年，陈毓川主持全国第二轮区域成矿规划工作，运用成矿系列的理论和区域成矿分析的思路，综合成矿预测技术，指导完成了二轮区划工作。出版了《中国主要成矿区带矿产资源远景评价》(合著，1999)。2004 年他与常印佛、裴荣富、任纪舜、汤中立、翟裕生、滕吉文等院士和各省、区老、中、青科技人员合作，完成了地质大调查"中国成矿体系与区域成矿评价"研究项目。他和王登红提出了矿床成矿系列组的新概念，并将其含义明确为"在一个区域性地质构造旋回中先后形成的矿床成矿系列，具有内在成因联系，组成矿床成矿系列组"，进一步完善了成矿系列概念。建立了全国 214 个矿床成矿系列和全国各成矿省及重要成矿区、带的区域成矿谱系。编制完成了全国前寒武纪、古生代、中生代、新生代的矿床成矿系列图。对 12 个矿种进行了资源潜力评估，完善了王世称教授提出的综合信息成矿预测方法(MRAS)。这一轮的研究工作对我国的普查找矿具有指导作用。

陈毓川院士于 1934 年 12 月 7 日出生在浙江省平湖市乍浦镇的朱家弄口老宅，陈毓川之父陈春瑞，是上海粮行一个普通职员，满师后回乍浦在药店就业。母亲张素芳，世居乍浦，在乍浦南外大街开设人和堂国药号。民国初年购置朱家弄 1 号(今新门牌 3 号)作为内宅。这是光绪初年乍浦右营守备朱德祈在这里建造的宅第，也曾是海派著名画家朱文侯的故居。后朱家搬迁至上海，陈毓川之父陈春瑞就将朱家宅园购置下来作为内宅。

曾祖父为城市贫民，祖父陈仁友从中医师学业，学成后从宁波到乍浦行医，定居乍浦。因祖父医术、医德好，颇获信誉，医业得以发展。当时，乍浦药业竞争激烈。陈毓川之父陈春瑞和母亲张素芳开设的药店为了寻求自身的生存发展，在店名上煞费苦心，用字既体现普度众生之意，又祈求生意兴隆，迎合病家延年益寿心理。所以，他们从天时不如地利，地利不如人和的三者关系中取意，将药店取名人和堂，意为以人为本、和气生财。人和堂在经营上也很有特色，严把进货关。陈春瑞亲选地道药材，如党参专选购山西的西潞参；黄芪、甘草、枸杞则选甘肃、宁夏产。重视推销宣传，药贴上印有人和堂店号、经营特色等。为方便百姓求医问药，人和堂还经常请医师坐堂问诊，方便病人候脉、抓药。人和堂与当时乍浦的延生堂、益寿堂、乙枝堂、三元堂、天成堂、长善堂、天一堂、向维记、黄国记等其他中药房和杨广济西药号等几家药店一直是乍浦很有名的药号。

童年时代的陈毓川和父母生活在乍浦，过着平静的生活。但不久，日寇侵华，乍浦沦陷。父母为逃避兵祸被迫关店移居上海英租界，3岁的陈毓川随全家逃难，离开家乡到了上海英租界。一家人在粮行就业行商。1940年陈毓川6岁，进入同义小学（现巨鹿路）上学。4年后随全家搬到南市区小南门外蔡阳弄5号居住，就读于教会学校正修中小学。在陈毓川的童年中有15年是在日本帝国主义入侵和国民党统治下度过的。陈毓川长兄是地下党员，长姐也热切投身革命，少年陈毓川深受影响。上海一解放，刚上高中的他便第一批加入新民主主义青年团，并担任学校团支部书记，积极组织参加各项政治活动。也是从那时起，他把自己的生命与祖国的发展联系起来。而为国、为民、为共产主义目标奋斗的理想，也伴随了他一生。

1945年8月抗战胜利，全家欢腾。1947年夏母亲张素芳病故，陈毓川得伤寒病半年有余，初中二年级未能就学，初中三年级经大哥的朋友介绍在大东中学就读，并于1949年夏毕业。1949年5月上海解放，记得中华人民共和国成立前一天父亲带他们几个孩子去市区（法租界）亲戚家住，大哥大姐留在老宅与同学们迎接解放。第二天一早开门见到解放军都歇息在马路边，纪律严明，让老百姓感到安心，于是，父亲又把他们带回了南市区的老宅。从此，15岁的陈毓川在中国共产党的领导下成长、工作。

中华人民共和国成立初期，1949—1952年这3年，对陈毓川来说是充满革命激情的岁月，决定了陈毓川一生的政治方向。上海解放，陈毓川的大哥即到上海市军事管制委员会工作，陈毓川才知道他是中国共产党的地下党员，是在沪江大学参加革命活动的。大姐当时是蓬莱区民立女中三年级毕业班的学生，也积极参加了学生爱国运动，中华人民共和国刚一成立，大姐就参加了党组织的南下工作服务团，在短期培训后即随部队南下。父亲在中

华人民共和国成立之初由于就业的晨南公司关闭而失业，参加了
失业工人组织。他对大哥、大姐参加革命活动始终是支持的，拥
护党和政府，后来经政府安排到华东供销合作总社下属的单位参
加工作。由于受到兄姐进步思想的影响，陈毓川进入蓬莱区"经
世中学"高中3年学习期间，积极参加了各项政治活动，3年高
中生活可以说是在政治运动中度过的。

1949年10月蓬莱区新民主主义青年团工作委员会干部来学
校发展团员，陈毓川被第一批发展入团。经世中学是一个私立学
校，在校师生有300多人，校内没有中共党员，团组织是唯一受
党领导的政治组织，学校成立了团支部，陈毓川被选为组织委员，
高中二年级时被选为团支部书记，一直到高中毕业离开学校为止。

在此期间，陈毓川参加了多期上海市及蓬莱区团委组织的团
干部学习班，聆听党、团领导干部的报告，这使一个纯洁的青年
视野猛然扩大，把自己的生命与祖国、与世界的命运联系起来。
与共产主义的宏伟目标联系起来。当时的陈毓川热血沸腾，愿为
国为民奉献的意志，至今记忆犹新，树立了一生的政治方向。当
时的政治激情主要表现在组织同学们参加各项政治活动，印象尤
其深刻的是镇压反革命的政治活动、抗美援朝运动等。当时军事
干校及公安干校先后在中学招收学员，很多有志青年都积极报名，
陈毓川也报了名，但都未被区团工委批准，团工委要陈毓川留下
搞好校团的工作。因此，陈毓川失去了这两次机会，而陈毓川的

二哥幸运地被批准进入军事干校，被送到北京学习外语。

3 年的高中学习生活中，陈毓川学习了许多革命道理，明确了政治方向，锻炼了组织工作能力，而科学文化知识的学习只能说是差强人意，不过数学与语文成绩倒尚可。高中毕业后，区团工委要陈毓川留在学校当政治辅导员，当时陈毓川已做好了留在学校工作的思想准备，等待着正式通知。

1952 年夏全国招生统考前 3 天，区团工委领导突然通知陈毓川可以考大学，就这样陈毓川匆匆忙忙地准备了 3 天，进了考场，考的成绩很不理想，但当年全国高中毕业生人数较少，不能满足招生的需要，凡报考的基本上都录取了。录取名单在报上公布，陈毓川被分配到南京大学地理系。而当时陈毓川报的志愿是航空，虽然从天空到地上，但他心情是高兴的，因为他获得了学习本领报效祖国的机会。这也是陈毓川一生重大的转折点。

1952 年 8 月底，陈毓川带着一个小行李卷先乘火车到南京鼓楼车站下车，再由学长接到南京大学，开始大学学习生活。地理系主任是任美鄂先生，系秘书是白秀珍女士。二年级到四年级在学的学长们只有 30 多人，而新来的学生就有 80 多人，大部分是指导志愿分配来的。不少人不安心学习，特别是来自上海的新学生，后来退学了一批人。进入大学，一切都很新鲜，学习、生活环境很好。当年级成立团支部时，拥有丰富经验的陈毓川被推选为支部书记。当时团支部的主要任务是做好班级内同学稳定专业思想、帮助学习困难同学学习和发展新团员。虽然承担了年级团的工作，但与中学中的团工作相比，工作量小得多，因此陈毓川将主要精力放在了学习上，并取得了不错的成绩。1953年上半年学校需要推荐一批留苏学生，系里报了两人，陈毓川是其中之一。夏天陈毓川在上海交通大学参加了选拔考试，9月下旬收到通知已被录取。当年南大有15名学生被录取，潘叔校长给每一位录取者发了一枚刻有南京大学名字的留苏纪念章。系里开了欢送会，照了相。在南大一年的学习生活中陈毓川学了不少基础知识，特别是孙鼐教授教的普通地质学，让人受益匪浅，同时陈毓川与同班同学建立了深厚友情。这段黄金时期美好的回忆令人难以忘怀，母校的印象永远深刻在陈毓川的心坎上。

1953年10月18日从南京出发，这些学子一路饱览了祖国美好河山景色，抱着学习本领为国争光的强烈愿望进京报到，第一次踏上了北京的大地。他们在西单石驸马大街北京俄文专科学校留苏预备班报到学习，由一位苏联女教师主教，由一位中国老师辅导。学习比较紧张，经过考试合格，又经政治审查，到1954年7月宣布个人的学习专业与学校。这一年根据国家经济建设需要，地质专业是重点之一。陈毓川和其他9位同学被分配到乌克兰顿涅茨克工业学院地质勘探系学习。这是陈毓川后来为之终生奋斗的地质工作的起点。临出国前，当时驻苏大使张闻天为全体留苏同学做了报告，并请大家看了程砚秋先生的京剧。满载1000

多位为国学习的热血青年的专列经过 13 天的行程到达莫斯科。分到顿涅茨克工业学院学习的共有 25 人，3 个专业（地质勘探、矿山测量、矿山建设）。后来，学成归来 23 人。学校所在的乌克兰的斯大林诺城（后改名为顿涅茨克城），是一个煤矿城。城市与学校非常友好地接待了这批来自远方的中国青年。5 年的学习生活，中国学生以其勤奋好学、遵守纪律、学习成绩优异而备受称颂，并与学校教师、同学以及当地民众建立了深厚的友情。1959 年 7 月陈毓川以获得优秀毕业生证书结束了留苏 5 年的学习，在学校同学的热情欢送中离校回国。

回北京后，在外国语学院集中等待分配工作，刚好碰上中华人民共和国成立十周年大庆。陈毓川有幸参加了庆祝游行和晚上天安门的狂欢。第一次看到在天安门城楼上的毛泽东主席，他的心情十分激动。国庆过后，组织上宣布陈毓川继续去苏联攻读研究生，去之前他要在国内准备一年，选题由地质科学研究院地质研究所郭文魁先生指导。11 月陈毓川到地质研究所报到，与第一研究室（区域地质、成矿规律研究）主任郭文魁先生见了面。正好 11 月下旬地质部在贵阳市召开全国铅锌矿会议，郭文魁便带着陈毓川一同参加，这是陈毓川参加的第一个业务性会议。会后，地科院副院长朱效成听说陈毓川是留苏回来的学生，要陈毓川陪同他一起去广西大厂矿务局看锡矿，这是陈毓川与朱副院长第一次直接接触。朱效成是陕西人、1929 年入党的老干部，中华人民共和国成立后在南方矿务部门担任领导工作。后来地质部在南方成立地质局，由他任局长。1959 年地质部成立地质科学研究院，调朱效成任副院长，主持工作（院长是许杰副部长）。陈毓川在朱效成的身上感受到了革命老干部的优秀品德，即一心为事业，深入一线，接近群众，关心群众，努力学习，是知识分子的良师益友。陪同朱副院长到大厂矿区，是陈毓川第一次到大厂，也是陈毓川接触到的国内第一个矿床，并由此成为陈毓川矿产科学研究工作的起点。他的地质梦想——探宝之路从此起飞。

大厂锡矿是一个古矿山，当时正在开采出露地表的大脉矿，深部的找矿工作由 215 地质队负责，已显示出理想的找矿前景。回到北京不久，1960 年初全苏地质研究所矿床专家依契克松来华执行中苏合作研究环太平洋矿带的项目。郭文魁是中方项目负责人，他派陈毓川和俞志杰同志（也是留苏归国学生）及专职翻译吴承栋同志陪同苏联专家去矿区考察。先到吉林考察大黑山钼矿，春节期间又去南方江西。考察大余县西华山钨矿、漂圹钨矿、广西大厂锡矿、广东韶关的大宝山铜矿。回京后进行资料整理等，整整用了一个多月的时间。在此期间，陈毓川再次来到大厂矿区。苏联专家是一位锡矿专家，他对大厂锡矿表示了极大兴趣，对其资源远景很看好，认为应很好地进行研究与勘查。当他知道陈毓川正在做选题准备，还要去苏联读研究生时，主动表示可以此矿区为研究对象，欢迎陈毓川到他和他的夫人那里去读研究生。因此，返回北京后，陈毓川向郭文魁汇报了考察情况，并提出了选择大厂矿区锡多金属矿床研究作为自己研究生的研究题目。郭文魁先生欣然同意，并要求陈毓川要深入研究，建立自己的标尺。如此一来，陈毓川的选题就确定下来了。有一次朱副院长在郭文魁那里交谈，陈毓川也有事进去。郭文魁把对陈毓川的安排跟朱副院长进行汇报，朱很赞成，说是要放一些"冷子"让他们安心钻研，以后派大用场。这颗棋盘上的"冷子"就这样被放到了大厂矿区。

大局已定，陈毓川开始着手制定国内工作计划，以大厂为主矿区进行全面调查研究，并安排对云南个旧锡矿进行考察对比。当年6月就去大厂矿区，工作到第二年年初。得到矿务局及215队地质队的全面支持，跑遍了矿区的地表和各个坑道，调查了各个矿床和矿点，对大厂矿区外围矿床也进行了调查。当时工作安排比较紧，陈毓川充分利用时间，天晴上山跑地表，雨天下坑道，观察、描述、采样同时进行。地质队与矿山同志也愿意和陈毓川一起工作。下坑道比较辛苦，长坡山地表坑口是720米标高，坑下当时已有5个中段，中段之间是50米，走斜井下去走到底层垂距是200米，每次采了样品满载而归，背了样品走上坑口要出一身大汗。好在当时年轻，习以为常。坑道中的地质现象始终吸引着陈毓川，总感到看不够，看不完。下坑道，一般总是吃了早饭下去，下午四五点钟上来，晚上整理标本，可辛苦一天，一觉醒来，又充满干劲。矿区的地质奥秘紧紧地吸引着陈毓川，探索追求未知的欲望产生的动力使他苦中作乐，乐此不疲。到外围的芒场矿区是由 215 地质队的一位工人老邱陪同，老邱家在芒场矿区内大山村的山坡上。半个多月的野外工作期间陈毓川就住在老邱家。山区人烟稀少，古时这里开过矿，后来就荒废了。215 地质队在这里踏勘过，有简略的地质图。陈毓川与老邱沿着山间小道走遍了各个矿点和可观察的地质点。广西的山区杂草丛生，十分茂密，要找到一个好的观察点和矿点很不容易。早上露水会把你下半身的衣服都浸湿，到中午毒辣的太阳又把你的衣服给烤干。在大厂的几年野外工作中，陈毓川一度得了较严重的关节炎。记得到芒场矿区是金秋季节，每天晚上，坐在小屋门前，面对暗处的深山，头顶是闪耀着的星空。村口几棵壮大的桂花树，发出的阵阵香味随风飘来，真使人陶醉，完全深入了这广阔的自然界，这或许就是从事的地质事业给陈毓川带来的美好享受。

　　当年冬天陈毓川没有回北京，而去了云南个旧。当时去个旧矿区很不容易，要花 10 多天的时间，从南丹县先乘汽车到贵阳，再从贵阳乘汽车到云南省的沾益，从沾益乘狭轨火车到昆明，由昆明乘火车到开运，从开运乘小火车才能到达个旧城。矿区在山上，垂距 500 米。陈毓川背了背包花了大半天才到了山上马拉格矿区。在矿区地质队的帮助下，陈毓川对马拉格、老厂、松树脚及卡房 4 个矿区都进行了考察，收获颇大，开了眼界。1961 年的春节就是在马拉格矿区度过的。第一次野外工作历时近 9 个月，直到 1961 年 3 月才返回北京。就读研究生的资料准备基本就绪，但出国的通知一直没有下来。直到 1961 年下半年才得到通知，由于中苏关系的原因，取消了原定的委派研究生计划。这样陈毓川就留在地质研究所转为正式工作人员。后来，郭文魁先生决定成立锡矿组，由陈毓川负责，先后有唐兴信、张天乐、戴自希 3 位同志在锡矿组工作，其中陈毓川与唐兴信同志共事工作时间最长，从 1962 年到 1965 年。

陈毓川在锡矿研究组工作了整整 5 年（包括研究生准备阶段的一年），重点研究大厂矿区。实际上这是一个矿带，包括大厂矿田、芒场矿田和五虚矿田，共有矿床数十个。研究工作的重点是大厂矿田，特别是长坡—铜坑及巴黎、龙头山矿床。这是一个保存十分完整的与燕山晚期花岗岩有关的锡石硫化物多金属矿床，是一个超大型锡矿，同时也是特大型的铅、锌、锑矿床和大型的银矿，是国内外著名的矿床，也是我国重要的有色金属矿产基地之一。院、所、室领导的安排使陈毓川能稳定地在大厂矿区与地勘单位、矿务局合作深入研究 5 年，有了较充分的野外、室内工作时间，较好的室内研究条件和实验测试分析及经费保证。这些有利条件使陈毓川对矿带、矿区的构造、岩浆岩、地层等地质构造环境及从岩体向外围各成矿阶段形成的矿床进行了较系统深入的研究，得到了较全面的实践锻炼与学习研究的机会。

1961年夏天陈毓川向所里借了显微镜带到大厂矿区，并在现场同时进行采样、磨片、鉴定工作。一个好汉三个帮，一直以来215地质队给予陈毓川非常多的帮助，在磨片室旁给了陈毓川一间房，既是工作室，又是寝室，陈毓川把矿区当成了家。1962年开始，唐兴信同志与陈毓川共同进行大厂矿区的研究工作，一直到1965年5月。在此期间他们对大厂矿区及其外围的芒场、五虚矿区各矿床都进行了现场调查与研究。对于有坑道的主要矿床，包括长坡—铜坑、巴黎、龙头山、拉磨、茶山坳等都进行了较详细的坑道观察研究与采样。对勘查矿区的钻孔的岩芯进行了系统观察，选择代表性的钻孔进行了详细描述及系统采样。

每年野外调查研究工作时间一般都在半年左右，回到北京即挑样送实验分析，并及时送磨片进行镜下鉴定。5年期间陈毓川完成了6份报告：1961年底完成了《大厂矿区野外工作报告》及《大厂与个旧矿区对比报告》；1964年完成了《大厂矿区研究报告》；1965年完成了《大厂矿区层状矿床研究报告》《大厂矿区物质成分研究报告》及《大厂矿区地层地球化学报告》。1964年底陈毓川把《大厂矿区研究报告》递交给郭文魁先生，请他审查，并在研究室内做了汇报。这些报告是对大厂矿区及其外围比较系统的研究，总结了成矿规律，提出了找矿方向，特别是提出了龙头山深部找矿远景区及越北陆块北缘马关—文山一带找锡远景区的预测，并且经20世纪70年代地质勘查工作，找到了大型锡多金属矿床。这些报告均是手抄本，一式两份，一份送给了地质队，一份给了所资料室。

5年稳定的研究工作，深入解剖一个大矿区使陈毓川得到了全面的锻炼，并在实践中提高了野外与室内研究工作能力与知识水平，可以说，这使陈毓川又上了5年野外矿床地质勘查大学。这次"大学"让他通过亲身实践建立了一个今后工作的标尺与较扎实的工作基础。朱效成副院长和郭文魁先生设下的这颗"冷子"已经发挥作用。在这段时期中还有值得一提的一件事，那是1963年9月在捷克布拉格市召开的国际矿床成因讨论会。地质部决定派人参加，最后确定由3人组成中国代表团参加会议。涂光炽先生任团长，郭文魁先生和陈毓川作为成员参加。参加学术讨论会后，他们还考察了一个铅锌矿床和一个与花岗岩有关的五元素矿床。会议期间某个晚上开了联欢会，各国代表表演节目，轮到中国时，涂先生带领他们一起唱了一首《在那遥远的地方》。这次会议后，成立了国际矿床成因协会，四年一次召开矿床成因学术会议。这是陈毓川自苏联学习回国后第一次出国，也意识到了院领导对自己的重视及培育。回国经莫斯科，住在大使馆，恰逢大使馆举办国庆活动，过了国庆才回到北京。在这次国际学术会议上陈毓川听到苏联研究单位用爆裂法测定不透明矿物成矿温度，觉得很重要。刚好在1964年初，与戴自希同志分到同一锡矿组，陈毓川就请她筹建此装置，经一年多的筹建，到1965年底装置基本建成，这是我国第一台爆裂法测温仪，后因"风雨十年"这项工作没有能继续做下去。

1965年上半年地质部根据中央精神，科研单位要下楼出院，到第一线开展科研工作。依据当时地质工作的需要，从地科院与北京地质学院抽人，组成3个研究队与地质勘查项目结合进行科研工作：一个研究队是配合长江中下游铜矿会战，配合东乡枫林、德兴永平铜矿勘查工作进行科学研究；一个研究队是配合山东临沂地区找金刚石矿；一个研究队是配合川西地区基础地质调查工作开展基础地质研究工作。4月中下旬的一天，院科技处赵心斋处长找陈毓川，说院里研究决定要陈毓川当东乡研究队的业务副队长，负责研究队业务工作，5月初就要出队。当时陈毓川刚写完大厂的几个报告，报告还没有打印，也没有正式审查。陈毓川建议能否把大厂研究报告的收尾工作做好再去研究队，处长说不行，要陈毓川把大厂的收尾工作先放一放，立即组队出队。陈毓川也只好服从了。想不到大厂未了的工作一放竟放到了1980年才重新拿起来。

东乡研究队由矿床所为主，加上地质所、物化探所有关同志共同组成，共30多人。队长是矿床所矿床研究室主任，一位刚转业的团长曹连信同志，副队长是陈毓川和吴功建同志，吴功建同志是地球物理专家，负责研究队地球物理、地球化学勘查方面的研究工作，陈毓川负责研究队的科研工作。研究队技术力量比较强，由各种专业的科技人员组成，有一批水平较高的老同志，如矿物专家黄蕴慧、地球化学勘查专家邵跃、沉积学专家宋天锐、岩石专家鲍佩声等，大部分是年轻同志，陈毓川当时也只有31岁。当时已任矿床所所长的郭文魁先生亲自在研究队蹲点指导。研究队要参加长江中下游铜矿会战，承担两项任务，主要任务是配合东乡枫林铜矿的会战，与江西911地质队联合攻关。当时911地质队技术负责是李春仁同志，研究队主力在东乡矿区。同时配合912地质队进行永平铜矿的勘查工作，由鲍佩声、俞志杰两名同志承担永平矿区的研究工作。研究队在5月5日离开北京去矿区。这里有一个插曲，4月底的一天陈毓川肚子疼，去医院检查，说是慢性盲肠炎，大夫要陈毓川留在医院动手术。就在动手术前一天得到通知，5月5日研究队出发，想到自己是业务副队长必须一起走，就向医院提出手术以后再做，受到大夫叮嘱一番后就回院按时出发去枫林铜矿。

在东乡枫林矿区，研究队成立了构造组、地层组、矿床组、物化探组配合地质队进行勘查工作。当时存在的关键问题是矿区地表出露的铁帽经分析含钨，究竟钨是以什么状态存在的，是如何形成的？铜矿体是层控的还是构造—岩浆控矿的，找矿方向如何？经过共同努力，首先在地表铁帽的裂隙中找到了产于裂隙壁的黑钨矿残留晶体，经测定为钨铁矿。后又找到了半透明的钨锰矿，镜下鉴定又发现了白钨矿。因此很快提出了这样的认识：矿区存在过原生的钨矿化，是以低温的钨铁矿、钨锰矿和白钨矿和脉石矿物组成的脉体产出于早期已形成的含铜黄铁矿矿体的裂隙中，当含铜黄铁矿矿体受表生氧化作用而化学分解时，钨矿物也分解成钨离子在氧化带铁帽中产出。这个认识是否符合实际，前人没有过这方面的研究。当时大家决定对此进行专项研究，确定由唐兴信为首与马秀娟同志成立铁帽组开展系统研究。经研究，确定在现场开展模拟实验，用矿区的含铜黄铁矿矿石、钨铁矿经硫酸溶解，经中和沉淀获取氢氧化铁凝胶物，烘干后就形成人造"铁帽"，经测定，"铁帽"钨含量很高，但不形成独立矿物，是以离子状态吸附于"铁帽"中。他们的认识得到了验证。这是在国内外首次提出的钨在硫化矿床氧化带中的地球化学行为。攻关研究打响了第一炮，为地质队综合评价铁帽提供了依据。可惜的是在矿区硫化矿床次生富集带中发现了次生的钨矿物，是含钨、铜、砷的硫化物，做了电子探针，很可能是一种新矿物，但因"风雨十年"而中断，连标本也都失落了。对于矿区另一个重大地质问题——铜矿的控矿因素，经构造、地层、矿床、物化探各组共同研究，得出的结论是断裂构造带控矿，热液交代成因，多期成矿。先由含铜黄铁矿矿液沿断裂带在次级背斜褶皱构造中交代灰岩层富集成矿，后由低温钨矿化沿早期矿体上部的裂隙充填成矿，之后发生上部矿体出露地表，经受表生氧化改造，形成标准的硫化矿床氧化带含钨铁帽及次生富集带的辉铜矿富铜矿层。经对矿区边部第三纪红层打钻，在底砾岩中见到铁帽的砾石，因此认为本矿床在第三纪之前已露出地表，铁帽是"古"铁帽。这一年内，在现场进行科技攻关收获很大，解决了勘查工作中的关键地质问题，确定一种铜钨共生的新矿床类型，提出了钨在硫化物矿床氧化带中的地球化学行为及含钨铁帽的成因。这次研究具有区域性的意义。后来的工作说明江西省永平铜矿、广东仁化大宝山铜矿都有同类特征。对陈毓川个人来说，这一年的攻关给了他一次组织团队开展科研工作的机会。他得到了锻炼，在学术上对多期次成矿及表生成矿作用的认识有新的提高。

当年11月地矿部在北京组织攻关成果展览，通知研究队参展，对他们的工作给予了很高评价。当时地科院副院长孟继声同志专程到研究队组织总结材料。陈毓川向孟继声提出对攻关所取得的成果需要进一步深化与提高，需要安排第二阶段的科研工作。孟继声也表示同意。

1966年6月政治风云突变，矿床所党委来电要研究队收队回京。当时他们正在编写攻关研究报告，陈毓川回电需写完报告才能回去。因此，加紧组织全队进行各项收尾工作，一直到7月中旬才完成了5万字的科研报告，复制几份交给了911队。在此期间所党委又多次来电催他们回京参加运动。陈毓川请示领导，提出研究队的野外记录本、标本、光、薄片需要带回，回复是全部留给地质队，尽快回京。一年多时间的攻关就此结束。临离开矿

127

区前，911队召开了欢送会，会议开得很热烈，共处一年多，相处很融洽。在地质队同志们的发言中，给陈毓川留下印象最深的一句话是"你们感动了上帝，这个上帝就是我们"。

1966年7月28日晚回到北京。从第二天开始一直到1971年7月，陈毓川经历了整整5年的洗礼。其间，陈毓川多次申请去野外进行科研工作都未被批准。一直到1969年夏天才得到去四川红格钒钛磁铁矿矿区进行3个月野外科研工作的机会。当年10月，陈毓川又第一批被安排去五七干校劳动。1971年7月地科院革委会为落实"抓革命促生产"伟大批示才把陈毓川召回北京搞科研。这虽然使陈毓川失去了宝贵的5年青春年华，但对陈毓川也是一次革命意志的锻炼，让他增长了不少政治见识。他为国为民而工作的信念始终没有动摇过，在逆境中保持了身心健康。

1971年7月陈毓川从江西峡江县水边公社地科院五七干校回到北京，时任院革委会副主任孟继声同志问陈毓川是到铬矿队还是铁矿队当队长，陈毓川选择了到铁矿队。当时原地质所、矿床所已合为地质矿产所，革委会主任是李增明同志。为了抓生产，在北京的研究人员组成了几个研究队，配合当时的地质工作。铁矿队主要在两个地区工作：一是在秦岭地区开采铁矿铜矿，有程裕淇、沈其韩和赵一鸣先生等；二是在四川攀枝花地区开采红格铁矿，有唐兴信、卢纪仁等同志。当时军代表要求研究人员在野外一线工作，不让回北京，因此基本不开展室内研究工作。为了确定今后科研工作的方向，陈毓川提出要做一些调查，院里同意了。

八九月份陈毓川到四川、云南一带考察一些铁铜矿床，同时也查阅了一些国内外资料，认为与火山作用有关的矿床不只是铁、铜，其他矿种也很有远景，值得展开考察研究。回京后建议召开火山作用成矿学术讨论会。建议被采纳，经筹备，当年 11 月在安徽省马鞍山市政府招待所召开，由院地质矿产所主办，主要有长江中下游几省地勘单位、华东地质研究所、南京大学、合肥工业大学等单位参加。会后，经院酝酿申报，经计委地质局、科委批准开展"华东（宁芜）火山岩地区铁、铜矿成矿规律、找矿方向研究"项目研究（1972—1976）。这是"文化大革命"期间唯一的地质领域的科技攻关项目。地科院为此组建了由地质矿产所与华东地质研究所组成的联合研究队来承担。任命陈毓川为队长，李文达先生任副队长。联合研究队联合了北京地质学院、中科院地质所、南京大学、合肥工业大学、安徽、江苏地质、冶金地勘单位共 17 个单位近 200 位科研人员开展了宁芜火山岩地区地质矿产的系统研究。同时组织了由地矿所陶惠亮同志为首的研究集体联合浙江省地勘单位开展了以浙江为主的火山岩地区矿产研究工作。研究工作是以宁芜地区为重点，宁芜地区研究项目成立了由各主要参加单位的领导组成的项目领导小组，领导小组组长是地矿所所长李增明同志。宁芜地区的研究队伍科研力量强大，汇集了各有关研究领域的名家。如搞矿床研究的有徐克勤、郭文魁、李文达、瞿裕生、岳书仑等，搞火山岩研究的有邱家骧、李兆乃、陶魁元等，搞构造研究的有卢华复等，搞成矿预测的有赵鹏大等，搞同位素研究的有中科院地质所的王松山等。项目办公室设在南京的华东地质研究所，由华东所科技处李瑛主持。

由于处于特殊时期，4 年时间的科研工作受到外界干扰较少，研究队伍更多集中精力搞科研，开展野外、室内较深入、系统的研究工作。各单位联合攻关，合作气氛十分友好，建立了深厚的友谊，研究工作取得了丰硕的科研成果。陈毓川和李文达先生负责矿床领域的研究；陈毓川与地矿所张荣华、盛继福、艾永德等同志，还有南大的老师与 807 地质队紧密合作，着重在北段梅山——其林山地区和江北庐江—枞阳火山岩地区工作；李文达先生侧重在中段马鞍山地区工作。当时中段的矿床研究由华东所、地矿所和北京地院 3 个单位与 322 队联合攻关，有郭文魁、王立华、王华田、瞿裕生、林新多等同志共同工作。南段钟姑山地区由地矿所的宋学信、吴思本、徐志刚与 808 地质队联合研究，以岳书仑同志为首的合肥工业大学研究集体在繁昌火山岩地区进行研究工作。南京大学以任启江为首的研究组着重于宁芜地区大平山铜矿的研究，成立了矿床综合组。矿床综合组经常共同讨论研究一些重大问题，讨论的焦点集中于宁芜地区众多矿床之间的联系。经过多次反复的研讨，终于在 1974 年上半年形成了一个概念，即宁芜地区分布在各地段的矿床主要与大王山旋回的岩浆喷发、侵入活动有关。并在岩浆火山喷发与侵入及其期后热液活动的不同时期以不同的方式在不同的地质构造部位产出。它们的分布在时空中有一定规律，在成因上均受本火山旋回的岩浆活动所控制，因此可以构成一个区域性的成矿模式。在汇总了大家的意见基础上，陈毓川和李文达先生研究了模式的框架，由李文达先生执笔绘制出了第一个模式样式。陈毓川做了一些修改，把蚀变带反映在模式图上，这样"宁芜玢岩铁矿成矿理想模式"就出台了，应当说此模式是集体研究的成果。当时国际上主要是一些矿床类型的模式，如斑岩铜矿模式、黑矿模式。作为区域成矿模式在国内外还是第一个。1975 年关于宁芜玢岩铁矿成矿模式的论文作为中国代表团的论文集中的一篇提交给了在澳大利亚召开的第二十五届国际地质大会。自此之后，我国区域成矿模式的研究工作得到很大的发展，对指导区域找矿起到了很好的作用。1973 年 9 月，项目进行期间，地科院组织去罗马尼亚考察火山岩矿床，以地科院冯志爽副院长为团长，程裕淇先生和陈毓川、向辑熙、闵志为成员，共 5 人组成，陈毓川兼翻译。考察喀尔巴阡山第三纪火山带的铜、金、银、铅锌矿床，考察 20 多天，收获颇大。1974 年 8 月由他们建议，经批准，地科院联合云南地质局在昆明召开了全国火山矿床会议，由全国各省区地勘单位、科研与院校单位参加，规模较大，参会人数多达二三百人。会上较系统地交流了宁芜地区研究项目的阶段成果，报告了赴罗马尼亚考察火山矿床的成果。会后还组织代表去大红山铁铜矿进行了现场考察。

会议对促进当时全国火山岩地区的地质找矿和科学研究工作起到了很大的作用，掀起了地质界的"火山热"。全国各省区地勘单位来宁芜地区参观考察，连绵不断。1976年夏研究项目结束，在合肥市召开了项目汇报会，对研究成果又一次进行了交流。1978年项目研究成果经加工编辑，以"宁芜玢岩铁矿"为书名，署名宁芜项目编写小组，公开出版，获得了当时刚出台的全国第一届出版图书奖，1982年获得国家自然科学三等奖。通过宁芜项目研究，陈毓川建立起从四维时空去研究区域矿床之间联系的概念，这也是后来在陈毓川的率领下研究者们提出矿床的成矿系列概念的基础之一。

1974年9月底陈毓川突然接到院里通知，要他立即回北京参加国庆活动，回到北京才知道是参加9月30日晚的国宴和10月1日的游园活动。陈毓川不知道为什么选到他，后来才知道当时是政治上的需要。地质系统要推选一位青年科技工作者代表，年龄要40岁以下。那时陈毓川刚好还不到40周岁，又承担国家科技攻关项目，且成果显著，这样就被选上了。对于这次对自己的正面评价和所给的荣誉，陈毓川看得十分淡薄，"我还是我自己，按照自己的生活目标为国家与人民的事业，尽自己的一份有限的力量"。参加国宴与游园对陈毓川来说只是一项任务。但反过来说，有机会参加国宴，对陈毓川来说的确也是一件幸事。要参加国宴，陈毓川的头发太长又乱，下午跑到王泽九同志家，请他夫人郭金玉帮忙理个发，总算面目一新。晚上院里出车，他被送到大会堂。地质系统出席国宴的是两人，除陈毓川外，另外一位是原地质部副部长、地科院院长许杰先生，他是古生物专家，是陈毓川的顶头上司。许先生对人很客气，陈毓川在院里聆听过他的讲话，他要年轻人努力学习，努力工作。此外，同桌的还有相声大师侯宝林。这次国宴最激动人心的是周恩来总理带病出席宴会。他的出现全场轰动，掌声经久不息，靠后面的人为了见到总理，都站到了凳子上，这种激情场面令人终生难忘。这也是总理最后一次出席国庆宴会。陈毓川庆幸自己得到了这难得的历史机遇，见证了这个场面，也激励陈毓川要好好地向总理学习。

　　1977年开始全国掀起了富铁矿大会战，同时也开始了富铁矿科研攻关。地科院组织了3个铁矿研究队参加国家科技攻关，陈毓川被任命为第二铁矿队队长，负责火山型铁矿的攻关研究。1977年部里安排，调陈毓川研究队到新疆哈密地区参加富铁矿科研攻关，同时还组织了对全国火山铁矿的研究。陈毓川一路攀登，踏遍万水千山，为探矿事业矢志不渝。先后组队去西藏加多岭铁矿、新疆蒙库铁矿、磁海铁矿、内蒙古的谢尔塔拉铁矿、黄岗梁铁锡矿、云南的大猛龙铁矿、楚格札铁矿等开展研究。总结了全国陆相火山型铁矿成矿规律，并在1980年的全国富铁矿科研工作会议上进行了交流。

第二章

成果迭出的年代

　　某领域内一种概念的提出是该领域长期来科学实践积累的必然结果。它将在实践中得到检验、完善、发展，再形成新的概念，使认识不断向前推进。

　　1979 年程裕淇院士找到陈毓川和赵一鸣，提出对矿床的成矿系列合写一篇文章。程裕淇有此决定，陈毓川认为有以下几方面的原因：一是程老长期从事铁矿的研究。1975 年陈毓川与陶惠亮等同志写了一篇文章，提出了在一个铁矿区可以有几种铁矿类型共生，称为铁矿类型组，陶惠亮同志提出可称铁矿成矿系列。二是程老知道宁芜项目组提出的区域性玢岩铁矿模式，程老是赞成的。三是 1973 年程老去罗马尼亚考察，见到喀尔巴阡山第三纪火山岩带中与一定的火山旋回有关形成金、银、铜、铅、锌矿床，在时空与成因上均有联系。因此一定的地质作用及其有关的成矿

134

作用在四维时空中可以形成成因联系的一组矿床。这具有普遍性的意义，作为矿床的成矿系列，一种概念就诞生了。大家对文章分工起草，程老最后定稿。在 1979 年发表了第一篇论文《初论矿床的成矿系列问题》。1982 年在苏联的格鲁吉亚首都第比里斯召开的矿床成因讨论会上，陈毓川以矿床成矿系列概念发表了南岭地区与花岗岩有关有色、稀有、稀土及铀矿床成矿系列的文章，并在会上做了发言。该文章按南岭地区次级构造中成矿具有的各自某些特征分出了成矿亚系列。1983 年程老又约大家，并请宋天锐先生参加写了第二篇《再论矿床的成矿系列问题》，对成矿系列的概念进行了完善及内容的充实。宋天锐先生侧重于沉积作用成矿系列部分。在此之后的 30 多年中，在全国重要成矿带及一些省区应用矿床的成矿系列概念开展了较广泛的区域成矿规律研究，特别是对南岭地区、长江中下游地区、三江地区开展了较深入的研究，都出了专著。10 多个省区由各局领导负责进行了省区的成矿系列研究，有的省区也出了专著。在此期间陈毓川负责组织开展了有关的四项科研与勘查工作：科技部"六五"科技攻关项目"南岭地区有色稀有金属矿床的控矿条件、成矿机理、分布规律及成矿预测"研究（1981—1985）；科技部的先导性研究项目"全国固体矿产成矿预测系统综合研究"；地矿部基础研究项目"中国主要成矿带成矿系列、成矿模式研究"；全国第二轮成矿区划工作项目（1992—1995）。由于项目组同志的共同努力，矿床成矿系列概念得到进一步完善，且概念在地质矿产工作中得到更加广泛的应用。

1980 年国家科委决定开展南岭地区中生代与花岗岩有关的有色稀有矿床研究攻关项目。部、院确定由宜昌地矿所张宏良和矿床所陈毓川负责，共同组织了由两所、北京地质学院、中南五省地质局（江西、福建、广东、广西、湖南）参加的研究队伍，分矿床、岩石、构造、区域地球化学 4 个课题开展了为期 5 年的研究。矿床课题组由陈毓川负责，以矿床成矿系列概念为指导，以代表性矿床及重要成矿带成矿规律为研究重点。由科研单位、教学单位、地勘单位三方面科技人员合作开展研究，关系十分融洽。陈毓川组织的由矿床所科技人员组成的研究组负责广西地区的研究，重点是大厂地区及桂东南地区。在此期间，国家科委另立了一个关于个旧大厂锡多金属矿床研究的攻关项目，陈毓川的研究集体有幸承担了大厂矿区的研究。这样时隔 15 年，陈毓川又重返了大厂矿区，进行第二轮研究。通过大家努力，得以从四维时空角度研究大厂矿带的成矿规律，建立了大厂矿带的区域成矿模式，进一步开展了成矿预测，对拉磨矿床的找矿起到了重要作用。这一轮对大厂矿带的研究成果，最终完成和出版了《大厂锡矿地质》专著，并在 1987 年获得国家科技进步特等奖。

1981 年 11 月陈毓川正在大厂矿区进行野外工作，接到所里来的电报，通知他部已任命他为矿床所所长，要他尽早回京。在

"风雨十年"期间，矿床所、地质所合并为地质矿产所，到1978年地矿所又拆分为矿床所和地质所，两所分别成立领导小组（行政）和核心小组（党内）。由于人事关系，郭文魁先生选择到地质所工作，矿床所的领导小组组长是宋叔和先生。陈毓川是领导小组和核心小组的成员，参与所的领导工作并为矿床研究室（二室）主任。对于任命陈毓川为所长，陈毓川没有思想准备，当时任命的副所长是郑直先生和裴荣富先生，他们一起为矿床所的发展愉快地共事过一段时间。任所长和室主任期间，陈毓川大力支持成矿实验室的筹建与运行及矿物物理工作的开展。但到了1983年3月部又调陈毓川到部地矿司任副司长，当时陈毓川给孙大光部长写信表示自己愿留在矿床所继续进行科研工作。但没有得到部长的批准，当时任副部长的朱训同志专门又找陈毓川要他去部工作。陈毓川当时提出了要求，希望部长同意每周给陈毓川一定时间继续进行科研工作，完成南岭攻关项目的矿床课题研究，此要求得到了批准。因此南岭项目矿床所负责人由裴荣富同志接替，矿床课题负责人仍由陈毓川承担。到1985年矿床综合组经过共同努力完成了南岭地区与燕山期花岗岩有关的有色、稀有、稀土矿床的课题研究报告，建立了南岭地区与燕山期花岗岩有关的矿床成矿系列及区域成矿模式，建立了次一级成矿区、带的区域矿床成矿模式。对南岭地区中生代花岗岩浆活动与成矿作用在时空中有规律的演化、迁移和深部壳幔作用的过程之间的联系进行了深入

137

的研究，特别强调了武夷—云开构造带的重要作用，认为是加里东时期杨子与华夏陆块的碰撞带，并长期活动，深切到地幔。武夷—云开构造带本身自加里东期一直到燕山晚期岩浆活动始终没有间断过，是一个长期与地幔沟通的活动的"热带"。从成矿系列的概念出发，大家对比武夷地区与云开地区的地质构造与成矿的演变规律，发现具有相似性，预测武夷构造带必定有云开地区的构造蚀变岩型的金矿（河台式金矿），建议开展找金工作。在后来的几年中经地勘单位的工作找到了金矿，且南岭项目的研究成果在 1988 年获得了国家科技进步二等奖。1990 年南岭地区的矿床研究成果获得地矿部的科技成果一等奖。在 1989 年出版了专著《南岭地区与花岗岩有关的有色、稀有金属矿床地质》。

　　"七五"期间（1986—1990），陈毓川主持了国家科委导向性研究项目"全国固体矿产成矿预测系统综合研究"以及地矿部的"桂北地区成矿系列及其在时空中的演化规律研究"项目。前一项目进一步研究成矿预测的理论基础，即全国的主要矿床成矿模式和矿床成矿系列。在 1993 年编著出版了《中国矿床成矿模式》一书。后一项目主要探讨了桂北地区从古元古代到中生代各地质时代成矿作用及其时空演化规律，建立了 5 个矿床成矿系列及区域演化轨迹，也就是区域成矿谱系。并于 1995 年出版了《桂北地区矿床成矿系列和成矿历史演化轨迹》。

　　1992—1995 年地矿部部署及开展了第二轮区域成矿规划，陈

毓川主持了这项工作。成矿系列概念是区域成矿分析的主要理论
基础，各省（区、市）按统一要求充分利用地、物、化、遥信息
资料，采用吉林大学王世称教授创立的综合信息成矿预测方法技
术，对各主要成矿区、带进行了成矿预测。在此基础上，由中国
地质科学院区划室组织有关专家进行了全国汇总，提出了全国地
质勘查工作重点区、带，为地矿部
"十五"矿产勘查工作部署及跨世纪
矿产勘查工程提供了科学依据。与
此同时组织了各省、区领导开展部
科技司的"中国重要成矿区、带成
矿系列、成矿模式研究"，在项目完
成过程中编制了第一轮全国前寒武
纪、古生代与中新生代成矿系列图。
且在 1998 年出版了《初论中国矿床

1980 年陈毓川在广西桂
东南（大厂）

成矿系列》专著。有一些省、区如黑龙江、河北、山西、新疆等
在完成了研究专题后也出版了本省、区的成矿系列专著。二轮区
划成果汇总在 1999 年出版的《中国主要成矿区带矿产资源远景评
价》专著中，并在 2004 年获得了国家科技进步二等奖。

1986 年开始，国家科委就新疆的申请，立项开展新疆矿产资
源的国家攻关项目（305 项目）。陈毓川作为地矿部的代表先后
参加了项目专家组和项目委员会，参与了项目的组织、指导工作，

并在 1990—2000 年先后与矿床所、成都地矿所、西安地矿所、南京地矿所、新疆局地科所的同志组成研究集体承担阿勒泰地区阿舍勒铜矿及阿勒泰成矿带成矿系列的研究。在研究阿舍勒铜矿的工作中叶庆同同志起了很大的作用，可惜他在完成研究任务后不久，就过早地离开了人世。在区域成矿系列的研究工作中，王登红同志也承担了重要角色。通过这 10 年的研究，他们成功总结了成矿的演化规律，建立了区域成矿谱系，与王登红同志共同提出了矿床成矿系列组的概念与序列，也就是在一个区域性地质构造旋回中先后形成的矿床的成矿系列，内在具有成因联系，组成矿床成矿系列组。这样使矿床成矿系列的概念又得到进一步完善。阿舍勒铜矿研究成果于 1997 年获得新疆科技进步一等奖。综合以上的研究成果，陈毓川于 1996 年出版了《阿舍勒铜锌成矿带成矿条件和成矿预测》专著，并于 2002 年出版了《阿尔泰成矿系列及成矿规律》专著。

1988 年 9 月陈毓川在新疆阿舍勒铜矿

1999—2004 年陈毓川和 6 位院士连同有关科研、教学单位，各省、区退到二线的领导共 39 个单位 200 多位科技人员共同承担了中国地调局的综合性研究项目"中国成矿体系及区域成矿评价"。运用综合信息成矿预测的理论与方法对 12 个矿种进行了潜力的评估，对各主要成矿区、带进行了成矿预测，提出了找矿远景区和找矿靶区。由于本项目研究工作是与各省区勘查工作紧密结合，因此研究成果，特别是提出的找矿远景区与找矿靶区能及时得到勘查工作的应用，有不少已经检查、验证，获得很好的找矿效果。在此过程中陈毓川对综合信息成矿预测的方法又进一步进行了完善，并在各省区推广使用。研究项目的成果（1 个总报告和 10 多个专题报告）已正式出版，供各界使用。这一轮研究使矿床的成矿系列概念深化与应用上升到一个新的台阶。在此基础上，期待着下一阶段研究成果能进一步完善，更完整地建立全国成矿系列总结好各成矿区带的区域成矿规律，并实现数字化，研究成果能得到更加广泛的使用，有效地指导找矿和有助于区域地质规律的研究，以不断实现程裕祺先生对此研究的遗愿，也是陈毓川余生的重要目标。

陈毓川于 1983 年 3 月跨进地矿部地矿司的办公室，后来才了解到，他给人的第一印象是地质队来的人，穿着旧得褪色的蓝色中山服，脚穿大头登山鞋，面部消瘦，皮肤黝黑。对陈毓川来说这也是跨入一个新的领域。到地矿司的前两年陈毓川抓了两件事，一是去秦岭地区调查，部署秦岭地区的找矿工作。在孙大光部长的关心与支持下，把跨省的秦岭成矿带作为地勘工作的重点地区，在西安成立协作组，协调、指导成矿带的地质找矿及科研工作。当时任地矿部副部长的温家宝同志任组长，部署及实施了勘查与科技攻关项目。陈毓川作为地矿司的领导，进行了一些具体组织工作，在金矿找矿方面取得了一些进展。二是筹备及召开地矿部新一轮矿产普查会议。会议于1985年8月在太原召开，会议规模盛大，大致有400多人参加，研究与部署了地矿部系统全国普查找矿工作。当时陈毓川已是地矿司司长，负责会议的筹备与组织，温家宝同志和张宏仁总工参加了会议。温家宝同志做了主报告。会议的主导思想是在普查工作中加强综合研究，开展成矿预测，提高勘查工作部署的科学性。并强调调查与研究的结合，综合研究工作要作为经常性工作加以保证。同时要加强对各级地质工作人员的业务培训，提高业务素质。这次会议对促进"七五"（1986—1990）期间的找矿工作起了很好的引领作用。会后，陈毓川部署了全国几十个典型矿床的总结工作，后来他出版了一系列专著，加强了异常矿点的检查、验证，召开了多次专业性找矿经验交流会，如非金属矿产、银矿、金矿等，分别开办省局总工、大队技术负责短期业务学习班和讲座交流最新的找矿理论与技术方法等。陈毓川在任职期间坚持了每年一次的省局总工研讨会，并考察矿区。在主持地矿司工作期间，预定目标是到2000年完成200万平方米区测面积。由周维平副司长主持了三大岩类区调工作方法的研究工作，并加以推广。在固体矿产勘查方面坚持有重点地开展重点片区成矿带的勘察，贯彻点面结合、面上铺开、点上突破、五统一部署地质矿产工作（区调、区划、物化探工作、矿产勘查与科研）的部署原则，使之间有机结合，取得最佳地质与找矿工作的效果。反复强调加强各层次的综合研究、调查与研究的结合，努力推行张宏仁同志倡导的定向研究，即重要矿产勘查项目配以由勘察单位根据勘察工作需要提出的研究课题，由科研单位承担，与勘查工作结合，同步进行。

"七五"期间在找矿工作中风云一时的是找金工作。1985年下半年，根据当时国家对黄金储备的需要以及我国找金的较好的地质条件，各地勘探单位找金的积极性较高，得到时任地矿部部长朱训的同意，以地矿部的名义向国务院申请专项金矿勘察资金。当年得到的批准是1亿元。为了用好这项资金，经酝酿，由部出面联合冶金部、有色总公司和黄金武警部队，向国家经委申报并得到批准，成立了由上述单位领导联合组成的全国金矿地质工作领导小组。领导小组办公室设在地矿部，朱训部长任组长，各部门出一位副组长。陈毓川任常务副组长兼办公室主任，由地矿司抽调了几位同志成立办公室，朱凯同志任副主任，主持日常工作。由于工作涉及的部门较多，一些重大问题由国务院副秘书长白美清同志主持协调和决策。全国金矿地质工作领导小组及其办公室一共工作了5年，主要办了3件事：一是开展了黄金储量承包勘查工作，定价150万元一吨黄金储量，各部门根据能力向办公室承包。当时参加承包的有地矿部、冶金部和黄金武警部队3个部门和各有关省、区，各部门、省、区根据本部门情况以不同价格下包给各下属地勘单位。黄金储量承包掀起了全国找金的热潮。据统计"七五"期间新增了独立金矿储量1083吨，相当于"七五"前中华人民共和国成立以来探明的独立金矿储量的总和，促进了我国黄金生产的持续增长。二是组织了全国金矿地质科技攻关，由国内各部门科技骨干参与，对主要金矿类型及全国金矿成矿规律进行研究，出了一批研究成果，促进了金矿的勘察和开发工作。这项工作在地矿部黄金办停止工作后，由黄金总公司的黄金办继续开展。三是引进及推广了低品位金矿堆浸提金技术。1987年8月黄金办组织了对加拿大及美国的考察，陈毓川在美国考察了纽蒙特黄金公司的堆浸提金开采技术，回国后就参与了以李璀明同志为首的小组，选择在陕西双王低品位金矿开展万吨级矿石堆浸试验，通过小组同志们的共同努力，以及引进技术的应用，试验获得成功。1989年在新疆萨尔布拉克低品位金矿开展了10万吨级的试验，在极为困难的条件下同样获得成功。之后在阿勒泰召开了全国规模的技术交流推广会。这项研究工作获得了国家科技进步二等奖，对促进全国开发和利用低品位金矿起到了很好的作用。

　　1989 年底黄金办公室及其工作按国务院白美清副秘书长的决策移到黄金总公司，全国金矿地质工作领导小组停止了工作。1990 年，部的机构设置有了较大调整，地矿司撤销，成立了部直属管理局，全面负责地矿部地质矿产组织管理工作，由蒋承菘任局长。陈毓川结束任期 8 年的地矿司工作，成为地矿司的最后一任司长。地矿司自 1952 年地质部成立建司以来，一直是一个重要的地质业务管理部门，集中了一批业务素质高、有实践经验的地质科技人员，他们辛勤而有效的工作为我国地质及矿产勘查工作取得巨大成就，做出了不可磨灭的贡献。陈毓川在这个集体中工作，向大家学到了很多业务与管理知识，增长了才干，受益匪浅。相处 8 年，工作顺利、融洽。这是陈毓川一段难以忘怀的重要经历。

　　1992 年陈毓川被任命为部的总工程师。在总工任期内组织全国第二轮成矿区划工作。1994 年 9 月 16 日，朱镕基总理批改了宋瑞祥部长关于地质工作改革的请示报告："地质队伍要逐步分为野战军和地方部队，野战军吃中央财政，精兵加现代化装备，承担国家战略任务；地方部队要搞多种经营，分流人员，逐步走上企业化。"部按照这个批示着手筹划改革方案。总体设想是把队伍分成两块。一块是走向市场的企业化道路，另一块是组建精干的地质野战军。1995 年 3 月 5 日，在部机关三楼大厅，部宣布撤销直管局，成立总公司筹备组和地质调查局，前者由蒋承菘同志负责，后者由陈毓川任局长，程裕祺院士任总顾问。在这个会上程老讲话满怀激情，说成立地质调查局是盼望已久的事，终于实现了。地质调查局主要任务：一是组织管理部的地质业务工作；二是组建野战军。经过一番努力，陈毓川组织起草了地质野战军组建方案。经部党组传阅同意，于1997年夏在部召开的局长会议上进行讨论，但未获通过，被压了下来。1998年3月人大决定进行国务院机构改革，撤销地矿部成立国土资源部，并在国土资源部下设中国地质调查局。新的一轮地质工作体制改革由此开始。而陈毓川在1997年12月从中国地质科学院院长岗位上退下来，在1998年4月国土资源部成立后，由于地矿部总工及地调局局长职务也自动失效，从而结束了陈毓川担任行政职务15年的历史。回顾这段经历，虽然陈毓川担任了他不愿担任的职务，但事业的责任心驱动他奋力把工作做好。陈毓川坚持把管理工作与矿产资源的调查、研究相结合。在行政管理岗位上他能够更多接触最新的矿产勘查情况，更多地到各类矿区第一线，了解矿床地质情况，与广大的一线地质科技人员接触、交流，这样既能让他充实自己的知识积累，不断开阔视野，为探索成矿的地质规律创造很好的条件，又能让他更好地组织指导矿产勘查工作。因此，回顾这段历史，总的来说基本实现了管理、研究兼顾，相互促进，受益匪浅。

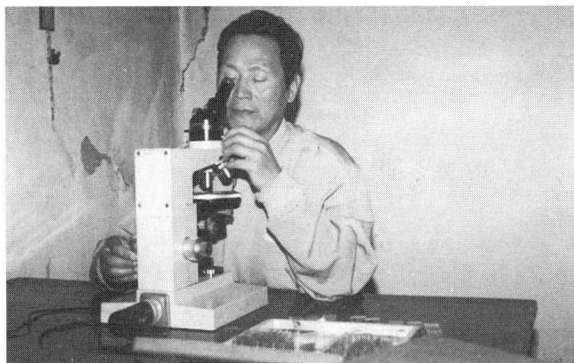

1995 年 5 月陈毓川在甘肃省地矿局三大队大水金矿考察

20 世纪 60 年代初，陈毓川参加了中国地质学会，1962 年在北京举办的中国地质学会学术年会上陈毓川第一次宣读了自己的论文，内容是关于大厂矿区层状交代矿床。"风雨十年"期间中国地质学会活动停止了，至 1978 年中国地质学会开始恢复活动。当时陈毓川是刚刚恢复的矿床地质研究所的领导小组成员。地质学会在筹划建立各学科的专业委员会，矿床地质专业委员会的筹建任务就交给了矿床地质研究所，并由陈毓川来负责。工作期间，他联络各部门组成了筹备小组，经各单位酝酿、推荐，最后成立了以宋书和先生为主任，涂光炽、徐克勤、康永孚等为副主任，各单位从事矿床研究的主要专家、教授为委员的第一届矿床地质专业委员会，在该专业委员会中，陈毓川为秘书长，冶金系地质研究所的孙延绵同志为副秘书长。在矿床地质专业委员会之下又成立专业小组，各专业小组后来分别组织了多次学术交流活动。对于该届矿床地质专业委员会的工作，陈毓川提出抓好3件大事的建议：一是召开第二届全国矿床会议；二是创办《矿床地质》杂志；三是编写《中国矿床》专著。建议得到专业委员会、中国地质学会和矿床所、地科院的支持。

经各部门的共同努力，1980年5月在杭州市省政府招待所召开了第二届全国矿床会议。会议收到了近1000篇论文摘要，到会代表达到700多人，我国矿床界的主要专家基本上都参加了会议。这是"风雨十年"之后一次矿床界的盛会。在这次大会上陈毓川代表宁芜项目组报告了宁芜玢岩铁矿区域成矿模式。

1997年10月陈毓川在海南抱伦金矿

《中国矿床》专著的编写，经酝酿在1983年初成立了由30多位专家组成的编委会，陈毓川是编委会秘书组组长，负责日常工作。此项工作得到了地矿部及地质出版社的经费支持。从1988

148

年至 1994 年经专家们共同努力先后编写完成。并出版了上、中、下 3 册，后来又全文译成英文出版。这部专著在 1996 年获得国家科技进步二等奖。这是我国第一部系统介绍中国矿床的专著。专著编委会秘书组和出版组的同志为此做出持久、不断的努力。

杭州矿床会议后陈毓川着手筹办《矿床地质》杂志事宜。杂志名字是受苏联《矿床地质》杂志的启发，被认为简单明了，可用。通过申报，经程裕淇副部长签发得到出版部门的批准。作为矿床地质专业委员会与矿床地质所联合创办的季刊杂志，《矿床地质》终于在 1982 年发行，编辑部设在矿床所内。

1984 年陈毓川在成都组织操办了第三届全国矿床会议。后来每隔 4 年召开一次全国矿床会议，一直延续至今。在矿床地质专业委员会中，陈毓川先后担任了秘书长、副主任和主任。通过在矿床地质专业委员会的工作，陈毓川结识了国内矿床界各方面的专家、学者，建立了友情。陈毓川深深感到，同行专家间必须经常交流、相互启发、相互争鸣，才能促进矿床科学的发展。

陈毓川先后参加了 5 次国际地质大会。1980 年 9 月第二十六届国际地质大会在巴黎举行，这是我国在二十五届国际地质大会上恢复了国际地科联地位后正式组团参加会议。团长是中国地质学会理事长黄汲清先生，代表团由 40 人组成，都是各部门地质专家学者，陈毓川是成员之一。陈毓川在会上报告了宁芜玢岩铁矿的蚀变带地球化学。会后还与涂光炽、叶连俊先生一同去奥地利考察钨矿和铅锌矿。那一年叶先生 68 岁，是野外考察组中年龄最大的长者。钨矿考察给陈毓川留下了深刻的印象，这是产在海相基性火山岩中的白钨矿矿床，与我国产在花岗岩中的钨矿完全是不同的类型。此行让陈毓川深刻意识到，对于矿床的认识，千万不要先入为主，大千地质世界，不知还有多少我们没有认识到。

1996 年 8 月，我国召开第三十届国际地质大会。这是在朱训同志当地矿部部长及中国地质学会理事长期间经过长期努力才争取到的主办权。组委会决定由陈毓川、李庭栋和孙枢同志担任大会学术委员会三主席，主持大会学术筹备和组织工作。经学术委员会全体同志 4 年的共同努力，顺利完成了学术方面的筹备工作，并成功地组织了大会学术活动。会后，学术委员会还完成了会议文集的组织出版及业务总结，编著出版了《九十年代地球科学的动向》《世纪之交的地球科学》两部书。第三十届国际地质大会的成功举办扩大了我国与世界地质界的交流，加深了我国对世界地质界的影响，展示了我国地质工作与地质科学的成就，标志着中国地质界成功走向世界。

2000 年在巴西召开的第三十一届国际地质大会和 2004 年在意大利召开的第三十二届国际地质大会上，陈毓川都作为代表团副团长参加会议。并和赵逊等同志代表中国代表团参加了地科联理事会会议。此外，有幸见证我国地质学家张宏仁同志在 2004 年 8 月当选为本届国际地科联主席，这是中国人第一次当选为国际地科联主要领导，是中国地质界的光荣。

国际矿床成因协会是 1963 年在捷克布拉格市召开的国际成因讨论会上酝酿后成立的，我国是会员国之一。陈毓川先后 3 次（1963、1982、1994）参加了会议。1982 年的讨论会是在苏联的格鲁吉亚首都第比里斯召开的，我国组成了以郭文魁先生为团长，由陈国达先生、杜乐天、何知礼、陈毓川等组成的代表团。当时，国际矿床成因协会的主席是苏联地质保矿部副部长、后为苏联全苏地质研究所所长的谢格洛夫院士。在出外考察期间，谢格洛夫主动找到陈国达先生，邀请他访苏。这是我国地质界中断与苏联交往后，由苏联官方首次正式向中国地质学者提出的邀请。此后不久，经国内同意，陈国达先生访苏成行，对方也进行了回访，这为两国地质方面的直接交往打开了局面。1994 年 8 月国际矿床成因学术会议在我国北京市举行，由我国主办。矿床所、矿床地质专业委员会做了大量筹备工作。在大会上程裕淇先生代表研究集体就矿床的成矿系列做了主题报告。也就是这一届矿床成因协会，我国矿床学家裴荣富先生被选为主席。陈毓川是亚洲地区代表，并在 1996 年后当选为矿床成因协会的副主席。

1996 年底，中国地质学会理事会换届，张宏仁理事长卸任，宋瑞祥部长当选为第三十六届理事会理事长。陈毓川为常务副理事长，协助理事长开展理事会日常工作。这段时间正逢地质工作体制重大改革。1998 年 4 月国土资源部成立。地矿部撤销，地质队伍归属地方管理，中国地质学会由挂靠地矿部继承性地挂靠到了国土资源部。考虑到改革时期地质学会各级机构调整及工作需要，经常务理事会多次研究，征得领导部门的同意，本届理事会理事长两次易人，而陈毓川这个常务副理事长始终坚守岗位。2003 年，孙文盛部长接替了理事长工作职务。中国地质学会两届理事会经历了地质工作及地质机构改革时期，也经历了学会工作本身的改革，进行了会员的重新登记等。陈毓川作为常务副理事长在以王弭力秘书长为领导的秘书处全体同志的倾力支持下努力工作，充分依靠每季度一次的常务理事会对重大问题进行民主决策，得到各常务理事单位的大力支持，不仅使学会工作得到正常运作，还使学会得到中国科协连续 3 次授予的"先进学会"的称号。

第三章

发展创新的理念

　　陈毓川说，这辈子最大的愿望就是找矿。其实，他心中所放的从来都不是某一个项目，也不仅仅是跑了多少矿山、找出了多少矿，而是地质行业如何才能在国家社会发展中找到应有的位置，做出更大的贡献。毕生为国，服务发展。

　　"陈老师的特点就是大思维、大格局，站位高，目光远。他无论是在哪个历史阶段，总是会站在国家和人民的角度上思考问题、积极行动，从来不为个人。"他的研究生王登红这样说。

　　1952年，陈毓川考入南京大学地理系，第二年被选送去苏联留学。1959年，他以优异的成绩从苏联顿涅茨克工学院地质勘探系学成归来，被分配到中国地质科学院地质研究所。在我国著名的矿床地质学家郭文魁先生的带领下从事矿床研究工作，真正踏上了探索地质科学奥秘、打开矿产资源宝藏的艰辛旅程。

　　工作不久，陈毓川随中国地质科学院副院长朱效成考察了广西大厂锡矿。大厂锡矿是一个古矿山，当时正在开采出露地表的大矿脉。同时，215地质队的深部找矿工作也已显示出很大前景。

　　虽然与大厂的第一次之行有点走马观花，但大厂作为陈毓川在国内接触到的第一个矿床，深深地印在了他的脑海里。两个月后，他陪同一位苏联矿床专家再次来到大厂。苏联专家认为大厂的资源远景好，应很好地进行研究与勘查，并建议他以此矿区为专门的研究对象。

　　陈毓川专门研究大厂矿区锡多金属矿床的想法获得了老师郭文魁的支持。郭文魁嘱咐说，一定要钻进去，要建立自己的标尺；朱效成副院长则希望陈毓川去矿山好好锻炼、好好实践。

　　舒适的微风，变成酷热的焚风，再转成清凉的秋风，又变为刺骨的寒风。近9个月的时间转瞬即逝。此时的陈毓川已对大厂矿区的地表和各个坑道、各个矿床和矿点有了初步的了解。不过，这还远远不够。

　　1961年春节后，陈毓川作为地质研究所锡矿组负责人带队再赴大厂矿区，对其进行重点研究。因为大厂地区实际上是一个矿带，共有矿床数十个。而其中的长坡—铜坑及巴里、龙头山矿床是一个保存十分完整的与燕山晚期花岗岩有关的锡石硫化物多金属矿床，是我国重要的有色金属矿产基地之一。

　　陈毓川在大厂的"冷子"生涯又继续了4年，直到1965年5

月被任命为东乡研究队的业务副队长，派去参加长江中下游铜矿会战。而在大厂的这5年中，他完成了6份报告，总结了成矿规律，提出找矿方向，特别是提出龙头山深部找矿远景区及粤北陆块北缘马关—文山一带找锡远景区的预测，经20世纪70年代地质勘查工作都找到了大型锡多金属矿床。

离开大厂的时候，陈毓川的工作还没完全完成。他提出能否把大厂研究报告的收尾工作做好再去东乡研究队，答复是"大厂的收尾工作先放一放"。结果，这一放就放到了1980年。

1980年，由于承担国家科委设立的个旧—大厂锡多金属矿床研究项目，陈毓川时隔15年重返大厂。通过从四维时空角度研究大厂矿带的成矿规律，项目组建立了大厂矿带的区域成矿模式，进一步开展了成矿预测，并出版了《大厂锡矿地质》专著，在1987年获得国家科技进步奖特等奖。

对于陈毓川而言，大厂是个与青春、理想无法割舍的地方，更是他的地质之梦诞生与飞翔的地方。

"冷子"在磨炼中成长。1965年，陈毓川等在江西东乡枫林矿区配合铜矿会战。与同事在国内外首次提出并验证了钨在硫化矿床氧化带中的地球化学行为及含钨铁帽的成因，由此确定了一种铜钨共生的新的矿床类型。

然而，1966年7月底，政治风云彻底破坏了陈毓川的科研轨迹。他被迫中断了对江西东乡枫林铜矿的进一步研究，度过了黑暗混乱的5年，直到1971年7月地科院革委会落实中央"抓革命、促生产"批示将他从干校召回，才获得了重新搞科研的机会。

1972—1976年，陈毓川作为地矿所、华东地质研究所联合研究队队长，组织、领导了由17个单位、近200人参与的"风雨十年"期间唯一的地质领域科技攻关项目——"华东（宁芜）火山岩地区铁、铜矿成矿规律、找矿方向研究"，研究并提出"宁芜玢岩铁矿成矿理想模式"，这也是国内外第一个区域成矿模式。这一项目成果引起了各方面的关注，掀起了地质界的"火山热"，后来还获得了国家自然科学奖三等奖。更重要的是，自此之后，我国区域成矿模式的研究工作得到很大发展，区域找矿开启了一个崭新的模式。

1977年，全国开始掀起富铁矿大会战，地科院组织了三个铁矿研究队参加国家科技攻关。陈毓川是第二铁矿队队长，负责火山型铁矿的攻关研究。陈毓川也的确不负众望，在对新疆、西藏、内蒙古、云南等地的多个铁矿进行研究后，总结出了全国陆相火山型铁矿成矿规律。

1979年，在程裕祺院士的率领下，陈毓川、赵一鸣与程老共同发表了有关"矿床的成矿系列概念"的第一篇论文《初论矿床的成矿系列问题》，这也标志着这一矿床新概念的诞生。

"矿床的成矿系列"，是指一定的地质作用及其有关的成矿作用在四维时空中可以形成成因联系的一组矿床，而这具有普遍性的意义。陈毓川清醒地意识到，如果能将这个概念进一步完善，将会对地质矿产工作有着重要的指导意义："地质领域的研究成果大多属于阶段性、探索性成果，都需要继续探索研究，决不能有半点满足，故步自封；科学研究的目标是探索未知、创新开拓，而研究成果是为了发展科学和推广应用，造福于社会。"

用新概念为找矿指明方向。果然，在20世纪90年代地矿部部署及开展的第二轮成矿区域规划中，成矿系列概念作为区域成矿分析的主要理论基础，对各主要成矿区、带进行了成矿预测，为地矿部"十五"矿产勘查工作部署及跨世纪矿产勘查工程提供了科学依据。

与陈毓川共事多年的中国工程院院士裴荣富认为，对"矿床的成矿系列概念"的深入研究，不仅是陈毓川学术生涯中的一个重点，也是一大亮点。这也是中国地质矿产行业人们的共识。

"六五"期间，陈毓川主持开展了南岭地区矿床成矿系列的研究，并出版了《南岭地区与中生代花岗岩类有关的有色及稀有金属矿床地质》专著；"七五"期间，他主持了"全国固体矿产成矿预测系统综合研究"，进一步研究了全国的主要矿床成矿模式和矿床成矿系列，并出版了编著的《中国矿床成矿模式》一书；20世纪八九十年代，在新疆矿产资源的国家攻关项目（305项目）中，领悟到了在一个构造旋回中，在一定的地质构造演化阶段及相应的构造单元中，也有规律地形成与不同成矿作用有关的矿床成矿系列，与中国地质科学院矿产资源研究所研究员王登红研究提出了"矿床成矿系列组的概念"，使"矿床成矿系列的概念"又得到进一步完善；20 世纪 90 年代，组织开展"中国重要成矿区、带成矿系列、成矿模式研究"项目，出版了《初论中国矿床成矿系列》《中国主要成矿区带矿产资源远景评价》等专著。

进入新世纪后，陈毓川又和 6 位院士及 39 个单位的 200 多位科技人员，共同承担了"中国成矿体系及区域成矿评价"项目。以成矿系列概念为主线，较系统深入地研究了各省（区）、各主要成矿带的区域成矿规律、成矿谱系，对全国矿床成矿系列进行了一次全面的汇总，对成矿系列的概念又进一步加以完善。不仅如此，他们还初步总结提出了中国大陆成矿体系，并运用综合信息成矿预测的理论与方法对 12 个矿种进行了潜力评估，对各主要成矿区、带进行了成矿预测，提出了找矿远景区和找矿靶区。这些研究成果，许多已在矿产勘查工作中予以验证，获得了很好的找矿效果，使矿床的成矿系列概念深化与应用上升到一个新的台阶。

2006 年起，我国在矿产资源领域开展了多项重要国情调查，其中的一项便是全国矿产资源潜力评价，以此摸清煤炭、铁、铝、金、铜、铅、锌、银、钨、稀土等 25 个非油气重要矿产资源的家底。

随着工作的开展，陈毓川更忙了，他全身心地投入到这项充满科学创新的宏大工程中，以成矿系列理论为指导，加强区域成矿规律及相关基础地质研究，最大限度地深入分析地质构造的成矿信息。在成矿区内圈定预测区的基础上，实现分省和全国资源潜力预测评价。

2014 年，这项集合 165 个单位、3700 多人心血的重大项目进入尾声。也是在那年夏天，国土资源部通报表扬了参与这项工程的先进集体和先进个人，陈毓川成为 4 位获突出贡献奖中的一位。他领衔完成的"全国重要矿产和区域成矿规律研究"项目系列丛书，尤其是其中的《中国重要矿产和区域成矿规律》，成为指导当前矿产勘查开发实践的"通用教材"。

2019 年 10 月底 陈毓川在新疆玛尔坎苏锰矿野外

80 多岁，大多数的老年人都在享受安逸舒适的晚年时光，旅游休闲，含饴弄孙，可陈毓川仍然像个陀螺一样，一刻都停不下来，忙得连周末和假日都没有。他的夫人孙铮笑言："我也曾劝他适当放慢节奏，增加点别的爱好，可后来发现，他是真的没兴趣，心里只有工作。兴趣爱好可以增强人的生命力，既然他这样最开心，我也就不再劝他，只是让他悠着一点儿。"

现在的陈毓川在忙什么？他又全身心地投入到另一项世纪性的"大工程"——领衔《中国矿产地质志》的研编。

这是我国第一部涵盖全国各省（区、市）全面总结区内现代矿产地质工作的矿产调查、勘查和科学研究成果的志书。其目标是全面汇总及进一步丰富发展全国各省矿产资源地质及重要成矿规律，提升对全国全部矿产矿情的掌握。如今，尽管经费紧张、困难重重，但在他的麾下，却集中了中国地质行业数百家单位数千位地质工作者共同的志向和热情。

"这是一项意义重大的工作，现在已被纳入《国土资源部'十三五'规划纲要》，《中国矿产地质志》系列成果也已列为国家'十三五'重点图书。他们要把《中国矿产地质志》打造成资料最全、最新、最翔实的矿产地质文献。"看得出，宏伟的目标和满满的工作，让83岁的陈毓川忙碌着、幸福着。

许多人并不知道，在中国地质行业的不少大事件中，陈毓川有着不可忽视的作用。他曾同时担任地质矿产部地矿司长、中国地质科学院院长、全国黄金地质工作领导小组常务副组长等职务，担任过原地质矿产部的总工程师、地质调查局局长，还在退休后连续组织实施了8个中国工程院咨询项目，并与36位院士联名提交给国务院一封名为《对地质工作情况的反映及建议》的信，促成了 2006 年 1 月 28 日《国务院关于加强地质工作的决定》的正式发布。

2003 年 12 月 24 日，许多人的内心都不平静。他们期盼着即将随着圣诞夜来临的幸福和欢乐。陈毓川也不平静，不过，他心里盛满的都是对当前地质工作的忧虑和思考。他的手中拿着两页沉甸甸的信笺。

此时，新中国的地质工作已几度浮沉：新中国成立初期到 1960 年，国家非常重视，地质人员从不到 300 人迅速膨胀为 61 万多人；1961 年，急速回落，到 1962 年人员收缩到了 29 万多人；第二次上升是 1962 年到"风雨十年"前夕；回落是从 1966 年到 1977 年，这期间地质工作进入无序状态；1978—1990 年，地质工作再次得到了较快的恢复和发展；1990 年之后，地质工作下滑萎缩，大量人员没活干，2000 年进入谷底；2003 年虽然日子有所好转，但地质工作不受重视、不景气的情况没有获得实质上的改变，各方工作困难重重。

"国家社会经济的快速发展需要资源环境方面的保障，如果继续削弱地质工作，最后吃亏的只能是国家！"这不是陈毓川一家之言，而是 37 位地质界顶级科学家发自肺腑的强音。他们在信上写道："地质工作严重萎缩，不适应国民经济与社会发展的需要；国家财政对地质工作的有效投入已降到历史最低水平，并多头管理，存在重复浪费；目前地质工作管理与队伍现状不适应国家地质工作的需要。"他们强烈呼吁：增加中央财政对地质工作的有效投入；加快建成地质野战军；继续推进地质工作体制改革……

2004年1月2日，这封饱含老地质工作者炽热情感的信递到了时任国务院总理温家宝手中，让这位曾经的"地质队员"陷入了深深的思考。他立即将信批给当时分管国土资源部的副总理曾培炎。几天后，曾培炎副总理专程到国土资源部与院士专家座谈。

陈毓川办公室中的书柜中摆着一张曾培炎副总理与各位院士的合影，旁边注明的拍摄日期为2004年1月13日。这天，陈毓川代表联名写信的院士们发言，进一步阐明了当前地质工作存在的问题。座谈会结束后，曾培炎在给温家宝的信中写道："针对这些迫切需要解决的问题，拟先请国土资源部研究提出一个初步意见，中编办、发改委、财政部等部门协调后，提出加强地质工作的具体意见报国务院。"

到现在为止，在中国工程院咨询项目的支持下，陈毓川等院士已多次与国家领导层直接对话，或联名上书国务院，为保障国家资源安全建言献策。他们一再呼吁：国家资源安全问题不容乐观，立足国内找矿的思路不能变；矿产勘查工作和矿业开发不能萎缩更不能停滞；要加强对地质找矿工作的统一组织和领导；要充分发挥国有地勘队伍找矿主力军作用，给政策实现地勘队伍企业化改革。

　　陈毓川的生活经历可概括为两句话：一是明确的政治信念及奋斗目标；二是在学术上从点的深入到面的扩展再进入理论的提高。前者信念坚定是生活及事业的动力，后者创新提高是陈毓川的学术道路。每一个人的生活与事业命运都是由三种因素所控制的：一是社会的历史环境，这不取决于个人，而取决于各个国家所处的社会发展阶段存在的客观历史环境；二是个人的出身、经历、一定程度上的天赋、素质和个人的努力，个人在一定程度上具有主动权；三是机遇，在人生的经历中，都会出现各种发展机遇，关键是在机遇降临的时候，能否及时识别机遇，及时抓住，在这点上个人是有主动权的。个人的成长、发展是与工作的环境及共事的集体密不可分的。对于个人获得的每一个研究成果应当树立以下两点认识：一是从事地质工作的领域，要获得重大的地质成果必须经过大量野外与室内实际调查与研究工作，这些海量的工作绝不是个人所能完成的。因此，个人的每个成果都包含了无数前人及共事的同仁们的辛苦劳动。二是地质领域的研究成果基本都属于阶段性、探索性成果，都需要继续探索研究，不能有半点满足而故步自封。对于上述两点必须有清醒的认识，才能摆正自己的位置，才能不断地向前走。

　　每个人都走着自己的人生之路，都有过不同的经历。陈毓川庆幸自己生长在这个历史性的伟大年代，一个经历百年苦难的中国离去，一个有着无比光辉前景的新中国正诞生与成长。陈毓川恰恰在这个千载难逢的过渡时期中生活与成长，并将度过自己不平凡的一生，成为这历史长河中的一滴闪耀光彩的水珠。陈毓川不是社会活动家，更不是政治家，陈毓川是在革命先烈打下了新中国天地中的一个普通的从事地质工作的科技工作者。在这个充满新旧变革的火红年代中，陈毓川有幸经历了在一般平稳的历史朝代中所不能出现的历史事件。他见到了创造中国翻天覆地历史性变革的、以毛泽东为首的一代伟人，见到了落后、贫穷、任人宰割的旧中国正变革为文明、富强、欣欣向荣的新中国。与他同时代的有志为国为民而奋斗的每一个人，都希望接班人、后代能把新中国建设得更好。

目标就是动力源。生活在世界上的每个人都有自己生活的目标，这是每个人的精神依托。我们这代人是由中国共产党教育培养起来的，是以实现共产主义为目标，具体说是以为国家、为人民服务为目标，这实际上也是我们中华民族传统的目标。为国、为民、为家、为己是统一的整体，先国、先民、后家、后己是美德。有了正确的生活目标，就会觉得生活的意义。在工作中也一定要有目标，干任何工作，都要为自己提出目标。目标要从你所从事的工作需要出发，既要先进，又要从实际出发，是经过努力可以实现的。要有比较长时期的总目标，又要有阶段性的分目标。分目标要具体明确，这样就可以一步一步向前走，使自己感到不断有奔头。实现目标要排除各种干扰，要专心致志，埋头苦干、实干，要处理好与周围集体的关系。人生苦短，时不再来，一定要抓紧时间，看准了目标就全力以赴，多做一点有用的事、有益的事。出现失误不要怕，改了再往前走，使自己始终充满活力。

勇于负责不畏难。要培养自己无所畏惧、敢作敢为、不怕困难、勇往直前的精神。凡是承担了任务就要勇于负责，不论碰到什么困难，决不退缩。主动、积极、千方百计去克服困难完成任务。要冷静、从容、多想、多请教、尽心尽力，总能想到路子。即使遇到一时不可逾越的难点，也应积极提出替代的工作方案。要办成任何一件事总是会有困难，困难处处在，工作与困难是相伴而生的。克服困难一定要有韧劲，办成一件事要顶得住各种压力，特别是做一些在认识上有分歧的工作时更需要科学精神和科学的韧劲，既要坚持，又要不断地科学分析，及时地调整工作的内容与方式方法等，以求找到最佳道路，达到最终目的。人生道路曲折，顺境不嚣张，逆境不气馁，始终要平和相处。陈毓川受过"风雨十年"的冲击，一夜之间红变黑，困难之大，当时难以接受与理解。事过之后，他深感不论处于什么逆境，受到什么天大委屈，只要自己站得正，没有做亏心事，就要相信自己，坦然自若地面对现实。保持乐观，自我解脱，积极争取正名，又要耐心等待，但绝不动摇自己生活的目标与放弃为之奋斗的事业。

为人正派靠集体。不论从事什么工作，担任什么职务，首先要做一个正派人。一个正派人，第一是一个真人，不是一个假人。

要内外一致，正大光明，不是表里不一，口蜜腹剑。第二是善人，不是恶人，善待自己，善待大家，与人为善。严于律己，宽以待人。不是总打别人的主意，总为自己谋私利，损人利己。第三是要是非分明，勇于支持与坚持正义，勇于抵制邪恶，并与之斗争。有一股正气和一身硬骨头。不能搬弄是非，甚至敌我不分、认敌为友、为虎作伥。

每个人都是在集体中成长与工作的，而个人的才华和能力及奋斗是有限的，没有集体的协作与支持，天才也难以成长与涌现。从事地质工作更是如此，大的地质工作成果大都是集体工作的结果，甚至是几代人、多个工种共同奋斗的结果。要不断努力使自己融入集体之中，其关键是要关心集体，助人为乐，尊老扶幼，为集体多做好事，做热心人。

探索创新是根本。科学就是探索、创新，去探索、认识未知，认识自然，总结规律，服务于人类，享用了前人探索得来的成果。作为科技工作者，有义务为人类探索未知，充实人类知识宝库，为后代创造更好的生存条件。地质工作，是一项充满未知的事业，地质学科的任何一个分支领域，都是如此。科学研究与探测的工作对象是已经经历了 46 亿年以上的千变万化的地球，而人类只是在它的表皮上在短暂的时间内生活与工作，对它的表层、内层、上层和它的过去知之甚少。因此，大家都要认真学习、集成前辈地质工作者已获得的知识积累。从这个阶梯上迈开脚步，向前走向一望无际的未知领域。用自己的探索、创新所付出的辛勤劳动开拓一片又一片新知区，为后来者铺出新路。

探索与创新要从具体工作做起。要到第一线去，与研究的对象直接接触。要上天、入地、下海，要翻山越岭，要做深入细致的野外观察、调查研究、室内的试验、测试、鉴定及综合分析研究工作。做到野外与室内结合、宏观与微观结合、调查与综合研究结合。要成功地探索创新，必须对从事的工作对象深入了解，发现问题，深入掌握前人对此对象的认识成果。选择并应用探索的最佳技术方法、手段去发现新的线索、新的矛盾，经反复思索，必要的与同行探讨，才有可能总结提出新的认识。关键是要保持锲而不舍的精神，选择有效的探索方法技术、路线及反复地综合分析研究。

作为一名老专家，陈毓川在矿床学研究方面取得了很多重要的成果。而且，他一直在开展相关的研究工作并深入相关解读，他的真知卓识，深广前瞻，极具远见。就矿床学研究工作的发展趋势、矿业发展与环境保护、科学精神培养等方面的真知灼见，对业界去思考和探索矿床学科的发展有着很重要的参考意义，对矿床学研究工作未来的发展趋势有深广的见解和判断。

陈毓川先生认为，矿床学的发展要从国家发展的需求和学科本身发展的需求两方面来考虑，这两者是完全可以结合的，因为矿床学研究是一个不断进行的过程，它是为国家不断发展服务的。

矿床学本身并不是孤立存在的，它是地球科学领域众多分支学科中的重要组成部分，与其他分支学科是相关的。因此，从总的发展趋势来看，矿床学研究工作的视野要更加开阔，要与地球科学其他分支学科更为紧密地结合，开拓新的研究领域。他认为可以从三个方面予以考虑：

第一，矿床学研究必须要有时间、空间的四维概念，要点面结合。任何一个矿床都不是孤立存在的，是与周围的矿床有关系的，其联系点就是地质构造环境及相关的地质成矿作用。因此，搞矿床学研究的人不能简单地在某一个矿床内观察研究、取点样品，然后回室内测测成分、测测品位、测测年龄，必须要把矿床形成的地质构造环境和区域地质构造环境及其相关的地质成矿作用结合起来考虑，探讨矿床之间的空间及成因联系，以及空间里时间演化与矿床演变的关系。

第二，矿床学研究必须要跟经济结合起来，脱离了经济评价，研究成果无法应用。从事矿床学研究的根本目标就是要为国家和社会发展提供物质基础。因此，研究成果既要讨论矿床的成因、形成过程、规律等，又要考虑这个矿在经济方面——规模上、品位上、应用的范围上，是否也适合国家的需求，这是非常关键的一点。

第三，矿床学研究必须考虑环境问题。目前，国家将环境保护工作放在非常重要的位置，因此搞矿床学研究的人必须考虑矿产资源初期勘查、勘查完毕矿山建设、开发完毕治理恢复等三个阶段的环境问题。将矿床研究和矿山环境结合起来，这与社会的发展阶段息息相关。每一个不同的社会发展阶段对于环境保护的要求是不一样的。因此，在新时代，找矿的、采矿的、研究矿的人都要共同考虑环境问题，要做到绿色勘查、绿色开发、绿色恢复。以目前科学技术水平来看，通过努力实现矿业与环保双赢是可以做到的。

这三大方面是矿床学可以有所创新的方向。第一方面的创新是科学性的，通过探索研究会不断有新的东西出来，指导新的找矿突破；第二方面的经济评价是矿床学科必须积极主张的；第三方面的环境问题符合目前国家生态文明建设的发展方向。

其次，陈毓川对矿床学人才的培养有这样的建议：

矿床学的发展，最重要的基础就是人才。矿床学人才培养是一个连续的过程，涉及多个环节，必须要通盘考虑。

第一个环节是学校的培养。这是人才培养的起步阶段，必须要与野外实践紧密结合起来，目前有些高校忽略了这一点。青年学生的主要任务就是把基础知识学扎实，包括书本知识和野外实践知识。但是，现在很多大学生、研究生毕业后到了野外一线干不了活儿，这就是课内的实践做得不够造成的。因此，地学类的高校有必要增加学生的野外实习时间，而且要把宏观和微观相结合、书本和实践相结合提升到一定的高度。

第二个环节是生产单位的培养。无论是科研单位、勘查单位，还是矿山单位，都是矿床人才培养的"第二所大学"。对于刚从学校毕业的学生来说，无论到任何单位，都要结合所在单位的实践开展工作。从单位层面来说，不管是搞基础研究还是找矿勘查，都要结合具体的项目，给新同志设定目标，而且不要随意变化这个目标，要给人才成长创造一个相对稳定的环境。

第三个环节也是对生产单位提出的要求，组织领导要合理。各个单位要善于在实践中发现人才，要给予这些人才适当的条件，保障其发展成长。对于优秀的、出众的人才，一定要重点培养。除了创造相对稳定的成长环境，还要在待遇上充分考虑，要为他们配备合适的团队，帮助他们寻找稳定的合作者，还要给他们"出难题"，把真正难解决的问题交给他们，给他们创新和探索的机会。

如何培养地球科学研究的科学精神，陈毓川从亲身从事矿床学研究工作几十年的经验出发，有三点建议：

第一，必须要树立目标。目标分为国家、人民、家庭和个人四个层面，都很重要。从事科学研究工作，必须把国家和人民的需求放在第一位，这是我们工作的方向和取得进步的最大动力。人的一生是很曲折的，但不能因为挫折就低沉下去，仍然要坚持自己的目标不放弃。具体到工作上，我们必须要给自己设定长期目标和短期目标。科技工作者必须要明确地知道自己每个阶段需要干什么、应该干什么、正在干什么，这样才有前进的动力。

第二，必须要探索创新。这是科学精神的核心，尤其是对于地质学来说，未知的东西太多，特别需要探索创新的精神。科研工作的核心是实事求是，一定要到一线去学习调查研究，与地质对象直接接触，进行可靠的论证，注重探索的过程，真理一定是一线地质工作者总结出来的。科学探索是没有止境的，地球系统的复杂性也决定了地质学研究的成果是阶段性的，因此一定要充分学习和尊重前人的研究成果，即使是自身取得了成绩也不能沾沾自喜、止步不前，必须要有不断探索创新的精神。

第三，必须要团队合作。个人的能力是有限的，科学精神的培养必须要依靠集体，如果没有团队成员间的通力合作，创新的难度就会增大很多。地球科学是一门复杂的科学，这也决定了要取得创新的成果就必须依靠团队的力量，只有整个团队同心同德、相互关心、取长补短，才能共同前进。

对我国矿业的优势及与国际先进水平的差距的认识，陈毓川认为：很多发达国家从 300 年前就开始工业化进程，从那时起矿业也受到前所未有的重视。我国的现代矿业基本从新中国成立时才开始起步，在短短几十年时间内发展到现在的水平，是非常不容易的。与国外相比，我们有优势也有劣势。

目前来看，在局部领域，例如航空重力、某些钻探工具、岩矿测试等方面，我们还存在一定的差距，一些先进的设备仍然依赖从国外引进。在矿业市场建设与管理方面，我国尚有较大的差距。但在找矿勘查领域，可以说我国大部分的技术都较为先进。因为社会主义制度的优越性，国家高度重视和大力支持，并成立了专职的队伍、专职的机构开展地质勘查工作。例如，石油勘查技术，他认为我国是远远超过国外的；再例如，铜矿、铁矿、钨矿以及其他一些优势矿产资源的找矿勘查技术，我们的技术力量也是处于领跑地位的。

我国的地球科学发展具有自身明显的特色：一方面，在国家的大力支持下，我们可以快速引进国外的先进技术；另一方面，我国的科技工作者又能结合国家的实际情况进行新的创新，而且这种创新越来越多。例如，我国科学家提出来的陆相成油理论、焦家式金矿成矿模型等，都是根据我国的地质环境实际情况提出来的新东西，并且在全国范围内得到了很好的推广应用。再例如，在 20 世纪 60 年代提出的钨矿"五层楼"找矿模式，到现在为止还在指导找矿；20 世纪 70 年代提出的宁芜地区玢岩铁矿成矿模式，是我国乃至世界首个完整的区域性成矿模式，这些研究成果对于指导找矿是非常有帮助的。

在区域成矿规律的研究方面，我国也有自己的优势，有很多创新的理念。例如，成矿系列的概念。这个理论强调要将区域内所有矿床作为一个整体来研究，考虑时间、空间、成因等三个因素，研究对象是在同一个时代、同一个地质构造环境、同一个成矿作用三位一体条件下形成的有成因联系的矿床组合。目前来看，这是矿床学研究未来的一个发展方向。这对于研究矿床的发展演化是很有意义的，能够更好地总结成矿规律，反过来又能更好地研究解释地球演化过程中物质变化和成矿物质变化的过程。

还有，协调矿业开发与环境保护的关系。

目前，环境保护已是我国矿业界普遍关注的一个重要问题，如何协调好矿业开发和环境保护之间的关系？陈毓川认为：从我国目前的科学技术水平来看，环境保护和矿业开发是完全可以实现双赢的。前面已经讲到，对于环保的要求必须适应我国社会的发展阶段，因此千万不能搞"一刀切"。但从目前的情况来看，过于严苛的环保要求已经对我国矿业的健康发展造成了影响，甚至说已经影响到国家的资源能源安全。

当前，国际形势动荡不定，我国很多大宗矿产品的对外依存度也越来越高，在这样的背景下我们更应该加强自身的资源储备和自主供应能力，这是保障国家资源能源安全和经济安全的根本。因此，在矿产资源问题上，陈毓川认为国家不能减少人力物力的投入，应该将矿产勘查工作放在一个相对重要的位置上，保持一定强度的勘查工作。在鼓励市场资本进入的同时，政府也要主导必要的投入，靠"两条腿走路"。同时，在充分利用好国外矿产资源的情况下，保证国内一定的生产水平和资源储量增加的水平。

在环保问题上，要坚持"绿水青山就是金山银山"的理念，但也要根据我国经济社会发展的实际情况，摒弃那些不切实际的做法。对此，陈毓川先生提出几点建议：第一，从实际情况出发，由国家按照统一的标准划定各类保护区，不宜再由各个部门按照各自不同的标准来划定，保护区的范围也不宜太大；第二，要对划定的保护区进行分级，要分出次序、区别对待；第三，在大部分的保护区内要允许进行基础的地质调查和矿产调查，因为地质调查是摸清地质情况的基础工作，而使用现在先进的物探化探方法开展矿产调查，对保护区的环境也几乎是没有影响的；第四，通过调查工作，如果在保护区内发现重要的矿产资源，要允许在一定范围内进行必要的勘查工作，如果勘查确认是国家急需且具备开采价值的矿产资源，要允许严格按照绿色矿山的标准进行建设和开发，对于非紧缺矿产资源，作为资源储备进行登记备案。

在环境保护方面，地质工作是大有可为的。例如，地质调查工作可以将全国的地质环境情况摸清楚，这是开展环保工作的基础。水工环地质工作可以对各个地区的水文地质环境有一个全面的了解，调查结果对开展工程地质、地质灾害防治等有重要意义；城市地质工作对于城市地下空间的合理利用、城市环境的改善等都非常有用。地质工作对于保持好国家的地质环境、自然环境都具有重要的作用。自然资源部、中国地质调查局等已经开展了大量的工作。国家也应该把地质工作放在一个重要的位置，因为这对于资源能源、环境保护、基础建设等方面都有着很重要的基础性作用。

让陈毓川高兴的是，专家们的建议已多次得到了李克强、温家宝等国家领导人的批示，特别是"众位院士一片拳拳之心，为地质找矿工作建言献策，值得重视"肯定的话语，更令他欣喜、欣慰。

"我现在没有任何行政职务，我要做的，就是从国家和人民的需要出发、从国家和地质工作的发展出发，促进地质行业最需要的改革发展和科技创新建设。"

陈毓川很庆幸生长在这样一个时代，一个翻天覆地、充满变革的时代。他很高兴自己亲历了新旧中国的历史转变，见证了新中国一步一步走向文明、富强。而其中最大的幸福是，他始终在与许多有着共同理想的人并肩战斗，为国家的发展和人民的幸福做着有益的事。

附录

陈毓川年谱

陈毓川（1934 年 12 月 7 日—   ）

出生于   浙江平湖乍浦

中国共产党党员

　　获国家自然科学三等奖、国家科技进步三等奖，以及地矿部、新疆自治区科技成果一等奖各一项。

1952 年 9 月至 1953 年 9 月   就读于南京大学地理系。

1953 年 9 月至 1954 年 7 月   就读于北京俄文专科学校。

1954 年 9 月至 1959 年 7 月   就读于苏联顿涅茨克理工大学地质
　　　　　　勘查系。

1959 年 1 月   加入中国共产党。

1960 年 1 月至 1963 年 1 月   任地质部地质研究所研究组组长。

1963年1月至1969年9月　任地质部矿床地质研究所研究组组长、
　　　研究室副指导员、研究队副队长。

1969年9月至1978年1月　任原国家计委地质局（总局）地质矿
　　　产研究所研究队队长、研究室主任。

1978年1月至1983年1月　任地质部（地矿部）矿床地质研究
　　　所所长（1981）、研究室主任。

1981年　任矿床地质研究所所长。

1983年3月至1990年1月　任地矿部地矿司副司长，1984年
　　　任该司司长。

1985年1月至1990年1月　任全国金矿地质工作领导小组常组
　　　长、办公室主任。

1986年1月至1997年12月　任地矿部中国地质科学院任院长。

1986年1月至1998年4月　任地矿部党组成员。

1986年　被授予"国家有突出贡献的中青年科学技术专家"称号。

1988年　开展南岭地区重点钨铅锌矿区外围成矿预测和典型钨矿
　　　物质成分研究，获国家级二等奖。

1992—1998年　任地质矿产部总工程师。

1992年　开展新疆沙尔布拉克十万吨级低品位金矿堆浸提金实验
　　　研究，获国家级二等奖。

1995—1998年　任地质矿产部地质调查局局长。

1995年3月至1998年4月　任地矿部地质调查局局长。

1996 年 1 月至 2000 年 1 月　任国际矿床成因协会副主席。

1996 年 1 月　任中国地质学会矿床地质专业委员会主任。

1996 年 1 月至 2006 年 1 月　任中国地质学会第 26、27 届理事会常务副理事长。

1996 年　《中国矿床》专著获国家级二等奖。

1997 年　中国工程院院士。

1997 年　获李四光地质科学工作者奖。

1998 年 3 月至 2003 年 3 月　全国政协委员。

1999 年　四川大水沟碲（金）矿床地质和地球化学，获国家级三等奖。

2003 年　中国主要成矿区带矿产资源远景评价，获省部级一等奖。

2004 年　中国主要成矿区带资源远量评价，获国家级二等奖。

2004 年　获光华工程科技奖。

2006 年　中国成矿体系与区域成矿评价，获省部级一等奖。

2007 年　中国成矿体系与区域成矿评价，获国家级二等奖。

2009 年　被科技部授予"全国野外科技工作者突出贡献者"称号。

2014 年　在第 14 届国际矿床成因协会大会被授予国际矿床成因协会终身荣誉会员称号。

2018 年　在第 14 届全国矿床会议荣获"中国地质学会矿床地质专业委员会终身成就奖"。

葛昌纯
核材料专家

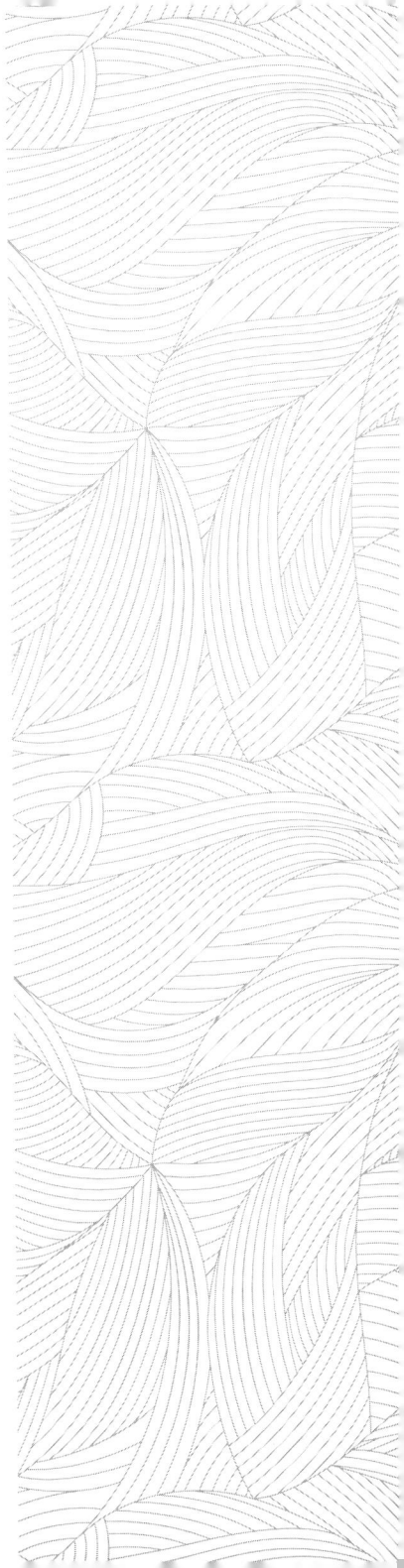

第一章

出身望族　含英咀华

　　乍浦籍四院士之一的葛昌纯，长期在第一线从事核材料、粉末冶金与先进陶瓷研究，为我国"两弹一星"事业做出了重大贡献。他是国家一等发明奖"乙种分离膜的制造技术"第一发明人，是制造原子弹、氢弹关键材料——浓缩铀-235用复合分离膜的主要奠基人。他和赖和怡创建起我国第一个粉末冶金博士点，和钟香崇等创建起无机非金属博士点，发表论文450余篇，专利16项。他是我国粉末冶金奠基人之一、核反应堆材料和先进陶瓷开拓者之一。2001年当选为中国科学院院士、2004年当选为世界陶瓷科学院院士。2016年11月被中国金属学会授予"冶金科技终身成就奖"。

　　葛昌纯，是从名门望族走出的中科院院士。1934年出生在浙江平湖乍浦葛氏大宅中。1952年毕业于唐山交通大学冶金工程系，

1952—1985 年在冶金部钢铁研究总院工作，1980—1983 年获洪堡基金资助在德国从事材料研究，1986 年至今在北京科技大学工作。

　　2017 年 8 月 18 日，中国科学院院士葛昌纯携家人来到乍浦镇笆篱坤（巴里坤），再次寻访祖先足迹，了解故乡人文历史。当天下午，83 岁的葛老及家人一行在嘉兴港区、乍浦镇领导等陪同下，漫步在笆篱坤（巴里坤）的里巷小道，不时地与陪同人员亲切交谈。看着笆篱坤仅存下来的几座清代老房，老院士的思乡之情溢于言表，乍浦是葛家起源地，是他的家乡，他会永远记住笆篱坤（巴里坤）这个让祖先荣耀过的故里。在笆篱坤（巴里坤）清代古宅里弄，葛院士及家人留下了珍贵的合家欢。

　　说到葛昌纯，不得不说其葛氏家族。葛氏祖先有江南望族之称，葛家望族几百年的历史其实就是一部励志奋斗的历史，渊源甚长久。据有关史料记载：葛家系出东阳。宋嘉定年间（1208—1224），葛洪，字容，官任尚书参知政事，封东阳郡公，谥号端献，《宋史》有他的传记，是葛家始祖……高祖宣武公以武科起家，是镇上望族。

　　据葛氏家谱记载，葛氏其远祖并没有确切的资料细考，只是粗线条表明乃是晋时著名的丹医学家葛洪。这让葛氏世系引以为傲。先祖四百年前从浙江东阳迁居乍浦，原定居于乍浦黄山脚下的牛桥坊北怀字圩（今称葛家宅基）。乍浦筑城以后，从黄山脚下搬迁入城。葛氏家族几代繁衍，连续得中武举，父辈都以行武护持家邦，如今葛氏祖先的坟墓在乍浦的山上还存有遗迹。

后葛氏的肇基、丕基兄弟俩又从乍浦城内迁入平湖城内的当湖镇南河头。可以说，乍浦是江南葛家发迹的起源地。葛氏家谱记载，在前清雍正时代，出过一位威名赫赫的武进士叫葛元。官至山西大同参将，他把对家族的贡献镌刻在了平定西陲疆乱的战事中。传说他疆事既平，荣归故乡。葛元遂将乍浦老家居住的地方取名与西陲同名的笆篱坤（巴里坤）。这处地名至今已有300多年的历史。

另据史料记载，葛元卒后葬于乍浦牛桥东。当年葛元命名的乍浦笆篱坤（巴里坤）地名一直沿用至今。据当地老人说，听老一辈讲，民国初年，笆篱坤还有一块很少有人举得起的巨石，相传为葛氏先祖练武用的遗物。葛元将新疆哈密的"巴里坤"之名移至乍浦，可见葛氏祖先的那份热爱中华民族大家庭之情。

乍浦葛氏一族到了葛昌纯的太爷爷葛肇基时代，正是乾嘉年间，年富力强的葛肇基认识到财富的重要性，遂只身南下八闽，找寻照亮人生前路的灯火。赴闽地求生存与发展的葛肇基，为了节省路费，他找到了停靠在乍浦海边的一艘出海运输木船，躲进木船船舱底部，随流到了福州市，后又辗转到了不知名的小岛南太岛，一处木业的集散地，相当于现代的木材批发市场。葛昌纯的太爷爷葛肇基就这样在这个小岛上先从做小工开始，挣些糊口的饭食。后来，机缘巧合，一户做木材生意的殷实人家要雇用一个长工，职责是帮家里跑市场买东西。葛昌纯的太爷爷葛肇基天性活泼懂事，很快赢得"东家"信任，在这户木材行落了脚。不知不觉一眨眼两年功夫，葛肇基的勤劳善良外加聪慧干练，赢得"东家"认可。葛肇基迎来了他人生的第一个转机：木材行老板决定将自己的独身闺女许配给他。洞房花烛之日，葛肇基深知，离他当初从乍浦出发的积蓄财富，他积蓄家族重新崛起能量的梦想，已经不远了。

同治三年（1864）前后，在南太岛经营木业积累了一定财富的葛肇基，念念不忘家乡平湖乍浦。于是，他带着南太岛经营木业赚到的第一桶金来到上海，在上海南市办起了一家开泰木号，拓展物流，扩大再生产。并将自己的三弟招来负责全面打理开泰木号。一条行销流水线就此形成：从福建南太岛买进木材，走水路到上海往外卖。当时，太平天国战争结束后，江南经济复苏，建筑业兴旺发达，大量需用木材。开泰木号生意出奇得好，木号主人葛肇基又趁势而上，在福建和平湖老家开设分号。富裕的家底积蓄起来，思亲归宗，葛肇基决定在家乡故宅修建祭祀宗祖的祠堂和辟置花园，立马在平湖城中鸣珂里建起花园宅第。于是，连片为一处八亩二分地大的庄园式大宅顺利圈定。做完这些，他心中有了较大的慰藉。

物质财富的积累也仅仅是积累，内心空旷，让葛肇基深感精神缺芜。他想，自己虽然身在商海，但愿后代子孙能过上往来无白丁、谈笑有鸿儒的生活。更奢望些，只要后代儿孙有儒学成就、图取功名，那将是光耀江南了不得的事。于是，葛肇基以祠堂为依托建起一座武装后代思想的藏书之所的规划进入日程。藏书楼"传朴堂"就这样出现在历史的台前。

葛昌纯就生于浙江平湖葛氏这样一家望族大宅中。父亲葛嗣澎是近代江浙地区著名教育家与藏书家，曾兴办"稚川中学"，以新式教育惠及乡邻、书礼传家。增扩家族藏书楼"传朴堂"，广收书画和地方志，颇具特色，使其能比肩于"天一阁"。吴昌硕等名流曾专访此楼，研学书画。可见，一个书香门第的葛氏望族，对葛昌纯的成长有深远的影响。

说到葛氏藏书楼"传朴堂"，有必要实录一段有关"传朴堂"源流的故事。葛昌纯的太爷爷葛肇基想给自己一手操持起来的藏书楼取个有意义的名字，他一边劳心敝神建楼，一边为楼名苦思冥想，挖空心思。眼看藏书楼竣工日期将至，仍未果。急火攻心的他，陷入苦思，整夜难眠。一日傍晚，劳累已极的他朦朦胧胧进入梦乡，忽有一须发皆白飘飘洒洒的老者悠悠然向他走来，老者似乎看清了他的心事，主动解惑。感动之余葛肇基问老者名号，原来正是自己的祖上先师晋代炼丹家葛洪。先师言说葛肇基之举是泽被后代的千秋好事，既已行动，就要恒毅坚韧毫不犹豫地进行下去……葛肇基惊醒，方知是南柯一梦。这场梦境，对葛肇基启发很大。深思熟虑之后，他想起自己祖先的庇佑，遂决定以尊祖的名字命名藏书楼。尊祖葛洪，字稚川，自号抱朴子。作为东晋时期著名的道学家、化学家和医药学家，其总结出"忠孝、和顺、仁信"六个字的做人修身匡时济世诀，归纳出原始实验化学的珍贵资料，开创了预防疾病学的先河，曾因家境贫弱靠砍柴所得换纸笔抄书学习，留下刻苦用功的治学故事。就这样，"传朴堂"藏书楼的名字应运而生。

葛昌纯之父葛嗣浵，是近代江浙地区著名教育家与藏书家。这得从葛昌纯的爷爷葛金烺说起。葛金烺豁达多智，性好读书，酷爱善本古籍及古今名人书画。在青少年时期，曾从其父葛肇基辗转于杭、沪、闽等地，从商之余，还热衷于搜集古籍善本及名家书画，但所得不多。他曾在《爱日吟庐书画录·自序》中写道："余自束发，癖耽于此，见即罗而致之。然距江邨（高士奇），退谷（孙承泽）殆将二百五六十年，宋元名迹日湮，况中更兵燹，存者益复无几，偶有一二流传，又为强有力者负之而趋，岂窭人子所得而蓄之哉。计二十年来，南走闽，北走燕，物色于风尘，遇有赏心，辄不惜倾囊以购。惟是食贫居陋，所得无多。若前人著录中之煊赫有名者，百不获一焉。"

葛金烺青年时在杭、沪、闽等处所得两批书和书画，合计古籍10万多卷，宋元以来名家书画共计166轴，这就奠定了"传朴堂"集藏的基础。"传朴堂"是葛氏藏书之处，其书斋额横幅初名"鸥舫"，后因得伊秉绶所书"爱日吟庐"隶书斋额横幅墨迹，爱其雄伟奇肆，因依样制成匾额，悬之室中，遂以为名。

葛金烺在京为官时间不长就辞官归里，没过多久就病逝了，时光绪十六年（1890）正月，享年54岁。其长子葛嗣渫，因父病促归，回家听到大丧，悲恸不已，哀伤过度，同年病逝，离父亡故才只有5个月，年仅29岁。此后，"传朴堂"的集藏，为葛昌纯的父亲葛嗣澎所承续。葛嗣澎继承其父兄遗志，为充实"传朴堂"藏书，下了很大的功夫。他多次出游北京、上海、苏州、杭州以及陕西、江西等处，每到一处，搜访书市十分勤劳，每次必满载而归。日积月累，藏书十分充盈，原先的书屋不够使用。清光绪二十五年（1899），葛嗣澎在鸣珂里宅址内，建起了一座藏书楼，取名"守先阁"，并请海盐张元济先生题写匾额。张元济在题额的同时，还撰有《为平湖葛氏守先阁题额识语》短文一篇，叙述从传朴堂至守先阁的经过。

每年夏初，葛昌纯之父葛嗣澎必定要亲自到书楼，督办晒书清理的事项，乐此而不疲。藏书楼还雇了不少抄写和修书高手，借抄缺书，配补残叶，葛都要亲自过问，他还请徐敦定（徐调孚之父）编写书目。葛嗣澎用了极大的精力与心血的，则是他与张元济、金兆蕃等人合辑的《檇李文系》续辑。

1921年8月，在当时全国影响最大的报纸《申报》上，刊登了由张元济拟定的《刊印檇李文系征集遗文启事》。这个启事其实早在 6 月份就已酝酿了，当时张元济将草稿寄给了王甲荣，王甲荣征求了沈曾植的意见后，提出所收文章的时限下推到清宣统三年（1911）。这个意见随后被采纳。1924 年 6 月，葛昌纯之父葛嗣淜与张元济在杭州一家旅馆内，花了 7 天时间专门用来审定各县已经辑到的《檇李文系》文稿，从杭州回来原定负责征文核选的沈曾植已逝世。于是由金兆蕃开始了最后的筛选工作。在他们的努力下，篇幅浩瀚的《檇李文系》续辑在 1935 年终于成稿。一共编为 80 卷，共收作者 2354 人，文章 4041 篇。比忻氏原稿增加了一倍。张元济亲笔抄录了《檇李文系》目录 4 册。1935 年春天，葛昌纯之父葛嗣淜病重，自知将不久于人世，将这部文稿交给时任嘉兴图书馆馆长的著名学者陆仲襄保存。陆仲襄进行了仔细的复校，并写了校后记，与图书馆员工仲欣木一起用纸捻装订成 78 册。《檇李文系》续辑的完成，使嘉兴地方历史文献得以完整保存。此稿本历经周折，现存上海图书馆。2005 年 3 月 1 日，《檇李文系》续辑稿本经复制后得以回归嘉兴市图书馆。

　　葛昌纯之父葛嗣淜与张元济先生既是亲家，又是藏书方面的同好，彼此常互借其缺而抄藏之。葛嗣淜喜好收集地方志，张元济先生则因所主持的商务印书馆在全国各地有分馆之便，叮嘱葛嗣淜代购地方志。在近年出版的《张元济日记》及《张元济书札》中，时时有记载。到 20 世纪 30 年代初，传朴堂所藏古籍善本增加到 40 余万卷，其中宋代善本、孤本多达 4000 余种。此外，明刊本及抄、校、稿本，数量更多。传朴堂藏书最有特色的是乡邦文献，既精且多，其中有不少为罕见之本。所集全国各地历代方志多达 3400 多种，蔚为巨观。还集藏有清代历科科举试卷数千种，有朱卷、抄校本、稿本，明代的亦不少。张元济先生曾评价说："传朴堂藏书之富，骎骎乎为浙西之冠。"

葛氏所藏宋元明清名家书画也从原来的 166 轴，增至 376 轴，而民国以来的名家如吴昌硕、陆廉夫、张大千、吴湖帆等的作品，还并未计入其中。如所藏米芾《山水卷》、巨然画卷、范宽《晚景图》和张灵《灵芝秀石图》均系稀世珍品。

葛昌纯之父葛嗣浵对于其所收藏的一些珍本，不是像有些收藏家那样秘不示人，而是乐于传播。平湖陆惟鎏在编撰《平湖经籍志》时也大量使用葛氏传朴堂藏书。

1932 年，商务印书馆及东方图书馆在日军发动的"一·二八"事变中焚毁。仍主持古籍编印的张元济深感工作之艰难，葛昌纯之父葛嗣浵经常伸出援助之手。如张元济辑编《丛书集成初编》，就曾向传朴堂借抄《艺海珠尘》《滂喜斋丛书》《功顺堂丛书》《天壤阁丛书》等有关序文和缺书，编撰成了《丛书集成总目提要》。

传朴堂藏书，常常供人查阅、抄录。据浙江美术学院教授、书画家陆维钊先生回忆："葛氏长我七岁，青年时代即彼此交好，葛氏为人豪爽，愿意翻出藏书、藏品供友人观赏。惟其祖传规矩，可以在其舍抄录，而不肯让人借回家去。家中书房极宽敞，四周均有桌椅可供人书写。其交好者，甚至供午膳。由仆妇端至书房，任客自食，主人并不相陪。"当年陆维钊先生离家在外，每次归平湖，必到葛家一会。杭州大学教授胡士莹先生早年在任稚川中学语文教员期间，也曾大量阅读传朴堂藏书，为他日后学术研究打下了坚实的基础。20世纪30年代初，文史专家谢国桢曾参观过葛氏藏书。他在《三吴回忆录》中说："传朴堂有好些种善本，收集不下百种。"

　　1894年，即光绪二十年，正是甲午中日大海战之年。是年7月，一个人的命运牵连了葛家聚散兴衰的神经。他叫徐用仪，浙江海盐武原镇人。仕宦京城，没想到上对朝纲殚精竭虑，下对庶民功德勋卓，却要遭慈禧太后一句话而杀头。他想不通，却也不是一般临刑者头脑懵懂一片空白。相反，在灾祸猝然来临前显得异常冷静清醒。死生既定，何足罕惜。只是个人之外，后辈儿孙接续脉传，让他上心，让他思虑，以至于彻夜难眠。膝下没有男丁，只有宝贝女儿徐珮瑶。为了徐家的将来，他选来挑去，将江南大户、与自己门当户对的葛家男儿葛嗣澎，订为女婿。葛嗣澎经过自己的努力拼搏，得中秀才，时入京任工部主事。他与徐珮瑶成婚后，公干之余，大部分时间就在岳父家，协助岳父徐用仪打理内外家事。育有葛昌栋、葛昌楹、葛昌枌、葛昌权、葛昌纯。

　　葛昌栋最拿手的是唱昆曲，吐纳深长，胸腔音调非常好，几近于专业水平。正是由于受大哥葛昌栋的影响，葛昌权也养成喜好昆曲、京剧的习惯，成为资深票友。不仅如此，他还利用业余时间整理出四大著名须生之一的杨宝森唱腔词曲谱，公开出版一部《杨宝森唱腔选》。行销于世，一时传为佳话。

葛氏在印学上的贡献，主要是明清名家刻印的集藏和印谱的编印。传朴堂藏印曾被篆刻界誉为"一时之最"，这一集藏的主人便是葛嗣浵之子葛昌楹。葛昌楹（1892—1963），葛昌纯二兄。字书徵，又字书珍，号竺年、竺道人，别署晏庐、望莽。其斋馆名有"以成室""舞鹤轩""五玺阁""玩鹤听鹂之楼"等。葛昌楹早年蒙学，宣统元年（1909）在葛氏大宅父亲葛嗣浵创办的稚川学堂以最优等成绩毕业，肄业于苏州东吴大学。1916年秋西泠印社建社13周年之际，由印社创始人吴隐、丁辅之、王福厂三人引荐入社。

葛昌楹雅好印章，能书画，善鉴赏，终其一生。上穷古玺、汉印，下寻明清以后篆刻高手作品，专精收集不移，投入了全部的心血。19世纪20年代，葛昌楹一边供职于上海银行，一边往来于沪杭一带，刻意寻访方家。遇到名家佳作，往往不惜重金购得。仅他的斋馆名就有"以成室""舞鹤轩""玩鹤听鹂之楼"等20多个。人生最重要的事件当数1916年秋，西泠印社建社13周年之时，由三位创始人吴昌硕、丁仁、王福庵一致举荐加入本社，成为早期社员。他偶尔作山水画，也有士人之气，一生以"集藏金石，辑梓印谱"作为情志。为"保存金石，研究印学"不遗余力，将大量精力和财力用在名家篆刻的收集、鉴别、整理上，或独立，或与人合作，系统地辑梓成各种高质量的印谱嘉惠印林，在印学史上占有不可替代的重要地位。

1925 年，葛昌楹辑《宋元明榫象玺印留真》6 卷和吴昌硕题写书签文字"'传朴堂'印谱"的《传朴堂藏印菁华》12 卷，由名家童大年题签，著名国学大学者王国维的岳父罗振玉作序。与葛昌楹一同集此印谱的几位专业大家，都经历过外寇入侵、国破家亡之痛，他们铭记保存金石之责，并付出自己的辛劳。

谈起二哥葛昌楹在葛氏大宅焚毁前一天，将收藏的一批名人印章掩埋于后花园花厅（曼陀罗馆）花台之下而躲过浩劫一事，葛昌权说，这也是没有办法的办法，二哥葛昌楹和三哥葛昌枌极喜专题印藏，他们上承先辈，下拓现实，后来竟然达到藏印千方的惊人数字。别的不说，仅吴昌硕就给葛家刻留印章五十枚。南海康有为曾激赏葛昌楹，题书相赠："藏书十万卷，集印一千方。"

由于藏量太大，石印太重，战乱到来，日寇猖獗，不好携带，他们才选择就地掩埋一些。这不失为明智之举⋯⋯

说起往事，葛昌权脸上始终泛着红光，90 岁的老人，忆记起往事，仍然似在昨天。1938 年 6 月，避难上海的葛昌楹嘱女佣翠花悄悄回平湖葛氏大宅，将埋藏于花厅花台下的印章取出，分批运往上海。对此经历，朋友、金石家王福庵特刻白文长方印以记之。日积月累，积功磊勋。葛昌楹后竟再次藏得 3000 余方名印，营造出一派蓊郁葱茏的名印森林。葛昌楹性静洁癖，爱好广泛。藏印是其最突出之处。其他如与佛有缘，礼佛茹素；琴棋书画、昆曲等等，皆有雅涉。

日月经天，江河纬地。时光在眼前飞逝，转眼政权更迭，中华人民共和国成立。1962 年，已是暮年的葛昌楹特精选 43 方藏印极品，无偿捐赠给西泠印社。完成这一人生大事后，勘破人生的葛昌楹于大自在中放下一切，洒脱驾鹤悠然而去。1989 年，其夫人遵夫遗愿，又将吴昌硕 8 方田黄印章无偿捐赠西泠印社。

葛昌楹对印学史的特殊贡献，仅仅是一个重要方面。日寇当道之时，他对名人字画的保护也竭尽心力。这里有两则故事特加以补记：

葛氏守先阁毁于 1937 年。当年 11 月 5 日，日寇于平湖全公亭至金山嘴一带海岸线登陆。6 日，多架日机空袭平湖县城，轮番轰炸扫射，居民纷纷逃避，遂成空城。此后月余，平湖陷入混乱，"传朴弆藏随之散佚"。最后，平湖鸣珂里葛氏住宅、祠堂、藏书楼连同稚川学校，在大火中化为一片废墟！ 40 万卷藏书绝大部分也化作一堆劫灰！这是日寇毁灭中国文化的又一罪行。而开设在上海的葛氏开泰木号，抗战初也毁于战乱。

在平湖市史志办编写的《平湖抗日战争时期大事记》中对此事是这样记载的："1937 年 11 月 19 日，日军第二次进城，在南河头葛氏稚川学校施放火枪，校舍被焚毁。后遭数次洗劫，两次纵火，于是住屋五进及宗祠、葛氏藏书楼（守先阁）悉付一炬。葛氏三代藏书，所储元、明古籍及两浙往哲文献不下数千种，各直省府厅县州志积至一千六七百种，而尤以方志之书为最难得。"

平湖市图书馆收藏的冯养浩（敬孟）《当湖蒙难录》稿本中也有记载。葛氏守先阁被焚毁，引起世人极大的震惊。当时传闻日寇杀进平湖前，葛氏大屋就起火了，不能排除流民趁火打劫的可能。被劫之书后被日伪掳去，送进了泽存书库。泽存书库藏书抗战胜利后为中央图书馆所接收，现应当在台湾。葛氏传朴堂遗书当也有部分在内。日军和汉奸劫掠，烧毁了葛宅。葛家几代人苦心经营的稚川中学和藏书楼也被日军的一把火烧毁。葛昌纯之父葛嗣澎也在此离乱中病故。

葛氏在文化上的另一贡献便是兴办新学"稚川学堂"，为平湖培养了一批优秀的杰出人士。在民国《平湖县续志》中是这样记载的："稚川学堂，在县南新家街，光绪二十八年（1902）正月，邑绅葛嗣澎以义庄赡族余资设立，草创之始，学额仅三十人，规定不收学费，即就葛氏宗祠内藏书楼下三楹为教室，课以经史舆算，规约颇谨严，旋以来学者众，添辟高等教室二、初等教室二，以及教员室、校役室等，并加课英文、理化、手工、图画、音乐、体操各科，更名稚川两等小学堂。"

葛昌纯之父葛嗣澎在《校史序略》中写道："欧风东渐，邦人君子热心教育者，莫不以兴学为急务。循《周官》古制，公私并举。余承先世余荫，愧无建白以补旧德，爰鉴时流所趋，拔义庄余资，创立私塾，藉孚先君子急公好义之心，固定名曰稚川义塾，时光绪二十八年（1902）壬寅正月也，越四年乙巳（1905），学制颁布，即遵章改义塾为高等小学，呈部备案。嗣以专课高小取格太隘，未能普及幼稚，于是又添课初等，并高小为两等。数年以来，改校制者三，删校则者三，举行毕业试者十三，得奖励者五，教职员之聘任者29人，学生之先后入校肄业者433人。溯当初创办之始，余无日不在校，与诸教员筹划商榷，共相厥成。辛亥（1911）以降，精力惫矣。幸诸学生之志业守则不为外移，相与维持，心实感之。"

据当时的稚川学生王之焸后来回忆，葛校长经常带了一个听差到教室外隔窗查课，有时还和一些学生攀谈几句。他为"稚川学堂"付出极大的精力。

稚川初中是在原稚川小学的基础上，于1924年8月扩建创办的。创办人仍为葛昌纯之父葛嗣澎，自任校长。开办时先招一班，1926年8月三班办齐。1923年立案，当时有教师12名。第二任校长为葛昌楣（葛嗣溁之子）。学校经费均由葛氏承担。小学每人每学期2元，中学则4元。

葛昌纯之父葛嗣澎晚年多次想发展稚川，招收真正农民子弟入学。只因住宿事一时不能解决，计划未实现。稚川学校历30

余年，享誉平湖、嘉兴乃至全浙江。建校初期，聘请乡先辈陈翰（伯叙）、崔梅圃等为语文教师，后期请了中华人民共和国成立后曾任省文史馆馆员的张大年（勉成）、程菊航等继任。他们国学功底都很深。所授课文除部颁者外，往往选取《左传》《孟子》《唐宋诗词》《开明文选》等为教材，给学生打下了古汉语的良好基础。早期毕业生有3人直接升入无锡国学专修学校。英语教师王汝羹，能因材施教，并采用新的教学方法，讲解时重视语法分析，因此学习进度也快。毕业班加授高中课程，毕业生英语水平一般高于省内公立学校。

稚川中学的教师都为一时之选。教数学的王撰春著述的《代数学》在商务印书馆出版多年。教英文的程菊航老师能把全本《英语字典》倒背出来，许多奥僻的字汇别人不知道，找他都能说出来。马翰如先生教地理，有一手绝技，用粉笔随手一挥就能在黑板上画出一幅正确的地图。文史课程的老师许多都是有名望的宿儒，如陈伯叙、沈眂初、张勉成、徐慰苍等。另外，知名教授胡士莹先生早年也曾任稚川中学语文教员。

据民国二十五年（1936）统计，稚川中学毕业生升学率达到76%，其中不乏高才生和优等生。例如：中国科学院院士、冶金专家邹元爔，文论及诗词理论专家周振甫（麟瑞），茶叶专家张堂恒，农业专家俞履圻、钱维朴，桥梁专家马谦，留德妇科名医金问淇等。在家乡从业的平湖中学优秀教师吕康成（光坚）、名西医程光辉（梦同），也都先后授业于该校。周振甫先生至晚年还清晰地记得当年小学和初中教室的方位。编辑家徐调孚也是早期稚川学生。徐调孚还是由葛昌纯之父葛嗣澎推荐进入商务印书馆的，由补习生成长为著名编辑。另外，平湖知名书法家俞元龙也毕业于稚川，其书法得之于陈伯叙（翰）老师亲授。此外，去台湾的校友，知名度较高的有国际经济专家张震复、清华大学名教授张去疑等。在历届举行的全省会考记录中，学校毕业生名列前茅者曾多次出现。张康复、张遵敬、沈元肇、张焕振均分别名列全省前十名之内。其中，张康复参加 1934 年度省会考，总分名列第二。

稚川学生中还出了位抗日空军英烈梅元白烈士（1911 年 10 月 11 日—1939 年 10 月 3 日），他为保卫祖国，生前多次驾机与日寇激战。其弟梅元奇也为稚川学生。

1937 年下半年，母亲携葛昌纯兄姐弟三人避难沪上。在上海的生活极其艰辛，母亲靠做零工抚养他和兄姐。葛昌纯经历了十分坎坷的童年，全家流离失散，姐姐在七年后才得以重逢。抗战时期，由于葛昌纯居无定所，不停搬家，葛昌纯先后辗转了 4 所学校才完成了小学课程。从小学到高中葛昌纯经常变换学校，避难求学。先是在圣约翰青年中学打好了较好的中英文基础，接着在南洋模范中学打好了较好的数学基础，随后在 1947 年考上了当时上海录取难度最大的中学——江苏省立上海中学。葛昌纯院士每每说到考取江苏省立上海中学的时候，总要诉说起一个非常有趣的故事。他当时分数不够，但是在南洋模范中学的成绩是第一名。当时有位教授问他："你在南洋的成绩怎么样？"葛昌纯说是第一名。这位教授当场就收他了。在南洋模范中学和省立上海中学这两所中学里的学习，为他的语文、英语、数理化打下了坚实的基础。南模生动活泼的教育和省上中严格勤奋的教育及半军事化的集体生活培育了他创造性的思维和坚韧的意志。幼年时期的这段国恨家仇的苦难经历，使得精忠报国和富国强民的志向深深扎根在葛昌纯心里。

2008年4月，平湖中学实验学校正式命名为平湖市
稚川实验中学，葛昌纯（左一）出席命名仪式。

高中求学期间，葛昌纯感念母亲辛劳，为了尽早工作补贴家用，他萌生了提前高考的想法。这是新中国成立那一年，葛昌纯

15 岁，高二刚结束，试着参加高考的他，竟一举成功，被唐山交通大学录取。在著名冶金学家邹元燨的鼓励下，他怀揣着对母亲和兄姐辛苦养育的感念，对国难频仍的痛心，以及对这个百废待兴国家未来的憧憬，踏上了北上求学之路。当时才 15 岁的他，是全校年纪最小的学生。

北方交通大学唐山工学院里的冶金系云集了一批国内冶金界的著名学者，如张文奇、章守华和徐祖耀教授等。这使葛昌纯相信在冶金系将有一个很好的学习环境。葛昌纯决定到冶金系学习。

第二章

攻坚克难　助力核能

　　1952年，我国第一个五年计划开始。葛昌纯响应国家的号召提前一年毕业，就立刻投入到冶金工业部钢铁研究总院的工作中，被分配到冶金工业部钢铁工业综合试验所（今钢铁研究总院）冶金研究室工作。1953年3月至1954年10月，葛昌纯从刚组建的钢铁工业综合试验所出发到抚顺钢厂参加了以耐热钢为主体的一系列新钢种的试制研究。其间他与工人同吃同住同劳动，取得了突出的研究成果。并在1956年的国际劳动节前夕被光荣地批准为中国共产党党员，从而揭开了为党的事业、国之伟业创新奋斗的辉煌一生。回京后创建了压力加工室。1959年他被调到新成立的粉末冶金室（四室）开展国防所需新材料的研究，同年被评为"全院先进工作者"。

　　对于今天的年轻人来说，我们可能很难想象，在中华人民共和国成立时科技基础如此薄弱的情况下，中国的科学家们是如何把中国建设成今天的规模的。葛昌纯院士作为与新中国一同成长起来的科学家，在坎坷的人生道路上，展开了他波澜壮阔的人生历程。

1960 年，葛昌纯开始核裂变用关键材料——复合分离膜的研究。

复合分离膜是核裂变用关键材料，不论是制造原子弹、氢弹，还是建造核裂变反应堆，都需要铀 -235，但铀 -235 在天然铀中的含量只有 0.7%，要使铀 -235 浓缩，必须采用当时唯一已工业化的气体扩散法，而此法的技术核心就是分离膜。所谓复合分离膜是一种分布着数量极多且极小的纳米级微孔，比纸还薄的双层片状金属薄膜。它能够对 235UF6 与 238UF6 混合气体进行分离，从而将天然铀矿中所含铀 -235 的浓度由 0.7% 提纯到制造原子弹、氢弹需要的 90% 以上。但是在 1960 年，赫鲁晓夫单方面撕毁中苏协议，断绝供应被苏联称为"社会主义阵营安全之心脏"的分离膜，我国核工业面临夭折的危险。制造分离膜是一项技术难度极大、涉及多学科的尖端技术。当时只有英、美、苏掌握这一技术，被核大国列为重大国防机密，严禁扩散。苏联专家撤离前曾说，中国的核工业将被推迟，关键是中国不会制造分离膜。在这种紧急形势下，中央于 1960 年 4 月分别向冶金部和中国科学院下达了研制分离膜的紧急任务。由中国科学院冶金研究所负责研制用于粗料段的甲种分离膜，由冶金部钢铁研究总院负责研制用于精料段的乙种复合分离膜。钢铁研究总院院长陆达亲自领导由室主任蒋伯范、副主任赵施格、赵维橙和专题负责人葛昌纯及副负责人王恩珂组成的四室核心组负责完成这项艰巨而重大的任务。

葛昌纯与博士生一起讨论问题

人生伟业的建立，既在能知，也在能行，二者缺一不可。

临危受命并作为专题负责人的葛昌纯在一无资料、二无经验、三无设备的艰难情况下，抓的第一件事就是调查研究。三个核大国有关分离膜的技术资料是绝密的，他只能查到1958年在日内瓦召开的国际和平利用原子能会议论文集和法、德、日的个别专利。葛昌纯说："同志们以为我原先就掌握多种语言，戏称我是'八国联军'。其实我的德语、法语、日语都是在研制乙种分离膜过程中逼出来的，通过自学和背记字典才掌握的。"难怪他把麻将牌大小的外文字典塞在口袋内，以备在排队等车时见缝插针随时拿出来背记。就是这种刻苦勤奋的精神，使他能在短期内掌握了多国语言的阅读能力，为设计实验方案、建立仪器装备、开展实验和指导工作创造了条件。

葛昌纯作为粉末冶金研究室核心组成员和专题负责人，在院党委和核心组领导下，和全室战友们在基本没有资料和设备以及国家物质技术基础还很薄弱的条件下，与原子能研究院 615 所和中南工业大学密切合作开始攻关。专题研究开始头一年半，他领导的专题组做了无数次实验，性能参数总是上不去。他认识到没有理论创新，就无法突破难关。为此，他几乎跑遍了北京的主要书店、图书馆和情报所。一大早就带干粮出发，龙门书店一开门，他就进去，坐在爬高找书用的梯子上，一坐就是一整天。一次偶然机会，他读到了 Carman 撰写的《气体通过多孔介质的流动》一书的英文影印版。他欣喜若狂地买回家，一遍又一遍地钻研，彻底搞清了多孔膜的物理原理。通过理论推导和实验，他认识到复合分离膜比单层分离复杂得多，底材不仅起支撑作用，而且对性能参数有着重要影响。当时正值我国困难时期，在又饿又困的情况下，葛昌纯经过数不清的昼夜奋战，终于推导出关于双层分离膜特性参数与结构参数之间的关系式，以及两层参数之间的搭配关系式，为复合分离膜的研制奠定了理论基础。葛昌纯说："这样的熬夜很值！因为弄清了双层分离膜的理论问题、推导出了复合膜的数学模型，我就可以通过调整膜的结构参数和两层参数搭配关系来指导工艺，从盲目性过渡到科学性，从必然王国进入了自由王国。"

如何将细粉均匀定量地涂覆在底材上是复合分离膜制备中的关键问题。起初用吸滤法上粉，在干燥过程中引起开裂的问题无法解决。葛昌纯具有丰富的联想力，他想到工厂中带粉尘的废气是通过高压静电技术将风尘与气体分离的，能否将这一工艺运用在上粉上呢？由于金属细粉在电场中的自燃，一次次实验都失败了。用喷枪布粉，不均匀的问题无法解决。于是他和孙焕仁、杨勋烈、曹勇家等通过建立高压静电装置、设计电晕针分布、设计并制造流态化床、选择载带气体及气流参数等方法成功解决了在高压电场中超细磁性合金自燃和均匀微量布料的难题。当聂荣臻元帅专程来钢研院考察时，陆达院长专门向聂帅介绍说："这是葛昌纯同志发明的。"聂帅亲切地握着他漆黑的双手表示祝贺，并详细询问了上粉的原理。

横亘在专题组面前的最后一个难关是防腐蚀处理。核心组领导派葛昌纯到电化学组去兼任组长，和副组长李基发、徐温崇领导全组攻关。李文采副院长还将自己的有电化学基础的研究生吴幼林调来协助工作。葛昌纯首先用几个晚上学习掌握了两本厚厚的电化学书的主要内容，然后和吴幼林一起反复实验。按一般电化学理论。在恒电位区处理一段时间就能生成致密的膜，但总过不了腐蚀关，一般认为过钝化区是禁区，在该区处理会大量冒泡形成疏松多孔、不耐腐蚀的厚膜。但葛昌纯大胆设想能否经过禁区处理后再回到恒电位区，使疏松厚膜渗复上致密薄膜，形成又厚又致密的能耐腐蚀的膜呢？实验证明他的大胆设想是正确的。腐蚀关的突破标志着复合分离膜研制成功，为中国核能的发展起到了极大的推进作用。

为了打破超级大国的核垄断，为了振兴中华，不惧艰难，不怕剧毒，不嫌苦。

苦、脏、累算不得什么，刻苦钻研、不分昼夜地战斗在分离膜研制第一线。葛昌纯带领的这支平均年龄不到25岁的年轻队伍在党的领导下，坚持贯彻"两弹一星"精神，经过无数次推导、计算、实验和总结，攻克了一系列的技术难关，终于在1964年提前研制成功国家急需的乙种分离膜，提前完成了原定在新建厂完成的全部生产任务。更振奋士气的是，该乙种分离膜的综合物理性能超过了苏联同类膜的性能水平。在"四人帮"破坏最严重的1967年，分离膜的研究和生产也没有停止。临时院党委从全院组织了600多人集中到四室进行乙种分离膜的生产大会战，葛昌纯担任生产总指挥，提前完成了全部生产任务。参加乙种分离膜研制人员的平均年龄只有20多岁，技术骨干都是中华人民共和国成立前后国家培养出来的，这显示了这支青年队伍在党的领导下无坚不摧的勇气和能力。

国务院国防工业办公室和中共中央国防工业政治部先后于

1963 年和 1967 年发来贺信指出："实验证明乙种分离膜性能良好，能够满足生产使用需要。这就为我国自力更生地发展原子能事业做出了重要贡献。""这一任务的完成是你们所取得的巨大成果，是对我国国防工业建设做出的重要贡献。"1966 年国庆节，作为对社会主义建设做出重要贡献的科技工作者，葛昌纯被国务院邀请登上天安门城楼观礼，见到了毛主席、周总理等党和国家领导人。张爱萍将军为在原子能事业上做出贡献的三位科技工作者——彭恒武、王承书和葛昌纯摄下了一张珍贵的照片。

1966 年国庆节，应国务院邀请，作为对新中国有重要贡献的
科技工作者代表，葛昌纯（左一）登上天安门城楼观礼

　　1985 年"乙种分离膜的制造技术"项目获国家发明奖一等奖。葛昌纯是第一发明人，对此项发明的 9 项发明权限中的 6 项做出了重要贡献，为后续研制成功的丁种、戊种和己种分离膜奠

定了理论和技术基础。他将一生中最宝贵的青春年华献给了"两弹一星"的崇高事业。

20 世纪 90 年代中期起，葛昌纯继续当年分离膜会战时期奠立的核材料研发兴趣，开始把精力投在受控核聚变堆服役条件最严酷的面向等离子体材料的研究上。可控核聚变堆发电被普遍认为是一劳永逸解决人类能源问题的主要途径，但其实现却极其困难。特别是必须要研发出面向等离子体材料，即直接面向聚变反应，能够耐等离子体辐照的第一壁和偏滤器。这是极具挑战性的任务。早在我国加入国际热核聚变反应堆计划（ITER）前的 1996 年，葛昌纯向国家有关部门提交了顶层设计项目《耐高温等离子体冲刷的功能梯度材料研究》建议书。第二年 4 月，他的申报材料获批国家"863"计划项目。经过 3 年研究，葛昌纯团队开发出 6 种第一壁候选材料。其中 5 种在国际上尚未见报道。此项成果获 2008 年中国材料研究学会科学技术奖二等奖。

在中国加入 ITER 后，葛昌纯领导团队深入开展钨基第一壁和偏滤器材料（PFM）的制备研究。在"973"项目"超临界水裂变堆的应用基础研究"立题后，他的团队负责裂变堆关键材料研究，取得一系列创新成果，助力我国核能的快速发展。2011 年在第 15 届国际核聚变反应堆材料大会（ICFRM-15）上，葛昌纯组织中国代表团成功获得 ICFRM-16 的主办权。这是我国首次申办成功核聚变堆材料领域最高级别会议，表明国际同行对我国核聚变材料研究的肯定，也奠定了葛昌纯及其核材料研究团队在国内外核聚变材料领域的重要学术地位。

为我国粉末冶金和先进陶瓷事业开拓创新。葛昌纯在粉末冶金领域做出了开创性的贡献：建立起我国第一个纳米材料实验室并研制成功一系列纳米粉末和纳米材料。他对我国还原铁粉生产进行了全面技术改造，研制和生产成功质量达到国际先进水平的二次还原铁粉，为武钢建立我国第一个还原铁粉基地奠定了基础。在国内首先研制成功全密度、无偏析、使用寿命为熔炼高速钢3—7倍的粉冶高速钢 FT15、粉末锻造 FP18 插齿刀和喷射成形FP9V 模具与轧辊，建立起我国第一个粉末高速钢中试基地。分别与北京特钢、雅安机器厂合作建立起我国第一台预应力钢丝缠绕热等静压机和第一台双 2000(2000℃、2000atm) 热等静压机。和韩凤麟合著出版我国第一本论述各种制粉技术的专著《钢铁粉末生产》。用羰基法从镍冰铜提取镍代替电解法节电94%。1980年，他作为洪堡基金会研究员应马普所粉末冶金实验室主任 G.Petzov 邀请从事重合金和铁铜合金液相烧结机制的研究，连续发表了三篇论文，经常被国际著名学者引用。

1976 年，他开始了氮化硅基陶瓷的研究。在国内首次采用压力烧结工艺研究成功以尖晶石作为烧结助剂的 Sialon 陶瓷，并批量用于做热加工模拟实验机的垫块，获冶金部科技进步奖二等奖。1982 年他应柏林工大非金属材料研究所 Hans Hausner 教授邀请，投身氮化硅基陶瓷研究。Hausner 教授要他解决通常用氧化物助烧剂导致氮化硅在高温时的强度显著下降这样一个世界性的难题。两个月夜以继日的实验尝试了多种非氧化物助烧剂，却一无所获，但他没有放弃，却越战越勇。他转换了思路，从基础理论着手。在研究了各种氮化物多元相图后，提出将氮化铝和氮化锆结合起来作氮化硅的复合助烧剂。通过一系列实验，终于获得成功。鉴于葛昌纯的出色成绩，Werner Schatt 教授力邀葛昌纯赴德累斯顿工大申请博士学位。1983 年 3 月，葛昌纯顺利完成论文答辩，获得材料技术工学博士学位。他成为自 1960 年中苏关系破裂后第一位获得民主德国博士学位的中国学者。

1986 年，葛昌纯作为引进人才调入北科大工作。他在德国研究工作的基础上成功开发出以复合氮化物作 Si3N4 助烧剂的 ST-Si3N4 型陶瓷刀片。许多次实验证明 ST-Si3N4 型刀片比硬质合金的切削效率提高 3—30 倍。对于切削高 Cr 铸铁，可以取消退火淬火工序，实现以车代磨，并可切削除不锈钢外的各类合金钢。刀片得到了广泛应用，到 20 世纪 80 年代末，已建成三条生产线，为企业创造了显著的经济效益和社会效益。该成果被国家科委评为 1999 年国家级新产品，1999 年获教育部科技进步奖二等奖。

第三章

不懈追求　勇攀新高

1996年，葛昌纯设想耐高温等离子体冲刷的功能梯度材料可以应用于受控核聚变的第一壁材料，提出用功能梯度材料设计概念和三种工艺制作面向等离子体材料。这项建议得到了国家有关部门的重视和核工业西南物理研究院的合作。国家高技术新材料领域专家委员会于1997年4月批准了这个项目。2000年这个项目完成验收时，核工业西南物理研究院给专家委员会的评估意见信指出："这些材料的某些主要性能已达到国际先进水平，开拓了功能梯度材料在核聚变领域的应用前景，将有可能作为未来聚变堆的面向等离子体材料。"

2007年，葛昌纯的梯队在"973"项目"超临界水堆基础问题研究"中负责"关键材料设计和制备科学研究"子课题，设计和创制了分别适用于未来聚变堆和超临界水堆的两种低活化钢

CNS-1 和 CNS-2 和弥散强化低活化钢，具有优异的耐高温性能和耐腐蚀性能。在中期评估中，该子课题被评为第一。第二年 4 月，他的申报材料获批国家"863"计划项目。随后经过多年努力，在两个"863"项目、一个"973"项目、一个自然科学基金重点项目的支持下，葛昌纯的课题组深入研究了弹塑性有限元分析和优化设计，突破了 6 项关键制备技术，研制出 6 种基于功能梯度材料的第一壁候选材料。其中 5 种国际上尚未见文献报道。此项阶段性成果获 2008 年中国材料研究学会科技奖二等奖。

前进的步伐并未止步。葛昌纯仍在不懈追求，勇攀新高。

中国加入 ITER 后，葛昌纯是积极推动中国加入国际热核实验反应堆计划的院士之一。他在国家关于 ITER 的论证会上，做了题为"抓住时机，参加 ITER，加快我国核聚变能的研究开发"的长篇发言，系统论述了我国参加 ITER 的可行性和必要性。2007 年 10 月，他被聘为国家磁约束核聚变专家委员会顾问。葛昌纯领导团队深入开展钨基第一壁和偏滤器材料（PFM）的制备研究；在"973"项目"超临界水裂变堆的应用基础研究"立题后，他的团队负责裂变堆关键材料研究，取得一系列创新成果。

以严格要求著称的 Sialon 陶瓷发明人杰克教授在 1994 年 6 月访问后写下了如下评价："葛教授做出了极好的研究工作……每个项目都做得很成功。"

对于前沿科技，空间太阳能的开发与利用，葛昌纯院士提出，要让空间太阳能助力"一带一路"。

因为空间太阳能发电站的终极目标是在任何时间，能向地球上任何地点直接供电。除此之外，还有诸多潜在应用价值：作为大型空间能源基地，为空间活动提供动力；作为无线能源可以转化为热能直接用于重点地区的冰雪消融，以及促进植物生长等。

目前，由中国提出的"一带一路"经济合作倡议已经得到了国际范围的广泛认同和积极响应，推进"一带一路"建设离不开新型能源的发展。要为"一带一路"提供重要能源保障，建议将"空间太阳能发电及其关键材料与关键技术的研究"列为国家"十三五"计划的重大科技专项。

"一带一路"呼唤能源革新。2015年3月28日，国家发展改革委、外交部、商务部联合发布了《推动共建丝绸之路经济带和21世纪海上丝绸之路的愿景与行动》，该行动的重点合作内容就包括积极推动水电、核电、风电、太阳能等清洁、可再生能源合作。由此可见，"一带一路"作为重要的新型经济合作模式，它的发展和推动离不开能源领域的合作和发展。

众所周知，能源问题一直是影响社会发展的基础问题。据估计，包括化石能源在内的所有能源大约仅能供人类使用二三百年。能源短缺以及大量使用化石燃料造成严重环境污染的问题会严重地制约人类社会经济的发展及影响国家的安全。

因此，积极发展水电、核电、风电、太阳能等清洁、可再生能源已经成为世界各国首要的发展目标。目前，作为一劳永逸地解决人类能源危机的终极能源，人们公认的只有两个：一个是在地面上建立核聚变发电站；还有一个是在空间建立太阳能发电站。特别是当建立核聚变发电站能否在 50 年内实现核聚变能发电商业化尚存在着争论的情况下，空间太阳能发电站（Space Solar Power Station，SSPS）在技术上有可能在 20—30 年内实现商业化的预测对人们有巨大的吸引力。

空间太阳能潜力无穷。1968 年，美国的 Peter Glaser 博士提出了建立空间太阳能发电站的大胆设想，为人类解决能源与环境问题指出了一个重要方向。虽然目前 SSPS 计划还没有实现，但是人们已经越来越深刻认识到，现代社会必须由依赖化石燃料转变为依靠天然能源以保护地球环境，实现可持续发展。SSPS 的基本构想是在地球同步静止轨道（位于赤道上空 36000 千米的圆形轨道）卫星上安装大面积太阳能电池，将太阳能转化为电能，然后通过微波技术将太阳能转换为微波，并传输到地面，通过地面接收装置再将微波束能转变为电能。此外，在地球同步轨道卫星上也可直接将太阳能转变成激光束，传输到地面，然后转变成电能或通过电解海水转变成氢作为能源。

SSPS 的上述特点使其成为"一带一路"优先发展的清洁能源的重要选择之一。这主要体现在以下几个方面：首先，SSPS 是一种绿色清洁能源，而且，由于空间太阳能无穷无尽，其也是一种可持续发展的新能源，符合"一带一路"的发展理念；其次，SSPS 是一种空间可移动能源，可以为"一带一路"相关地区和国家提供全方位、移动式地面和空间能源服务；第三，SSPS 是一种空间大型能源，它的构建可以为我们相关产业带来一场新的技术革命，进而有效地促进"一带一路"相关地区的经济发展。因此，在某种程度上看，空间太阳能电站的发展可以为"一带一路"的实施提供重要的能源保障。

要让 SSPS 为"一带一路"保驾护航。事实上，SSPS 计划在 20 世纪末就已经引起中国科学家的注意。20 世纪 90 年代，我国就开展了大量的论证和前期的研究工作，在总体设计、航天技术、材料技术、无线能量传输技术、空间组装技术等关键技术方面都取得了不少进展和阶段性的成果。

目前看来，我国建立空间太阳能电站的机遇已经来临，已经具备建立空间太阳能电站的基础。首先，在太阳能电池技术方面，我国已经开始在推广太阳能光伏发电系统，现已具备了太阳能电池的技术基础与空间应用能力。其次，在空间技术基础方面，我国在人造卫星、载人航天和深空探测三个航天技术领域实现了新跨越，尤其是"神舟"载人飞船和标志深空探测能力的"嫦娥一号"的发射成功，使我国步入了世界航空航天技术领域的超级强国之列。而且，目前我国已有多种型号的长征系列运载火箭，输送的有效载荷也越来越大，已能承担国际上各种卫星的发射业务。因此，在地球同步轨道建立一个空间太阳能卫星电站已经可以规划和实施。第三，在无线电能传输技术（WPT）基础方面，作为空间太阳能发电的主要关键技术，WPT（Wireless Power Transmission）在能量传输方面起重要作用。目前我国在微波传输和激光传输领域已取得显著成绩，尤其是在大功率激光发射器件和大功率微波天线方面。因此，在 WPT 技术上只要认真组织，对 WPT 在输能的功率、效率与精度控制等方面进行技术攻关，完全可以掌握应用于空间电站的 WPT 技术。

空间太阳能发电已引起我国政府的高度重视。中国空间技术研究院等单位已经对空间太阳能电站总体方案进行了论证，北京科技大学等单位也已经对 SSPS 关键材料进行了论证和研发。但是，迄今为止，空间太阳能发电还没有被列为国家的重大项目和国际合作的重大项目。

空间太阳能电站在"一带一路"建设中具有巨大的作用。应该大力加速空间太阳能电站建设，力争尽早把空间太阳能发电列为发展国民经济的重大长远项目和国家重大科技专项。尽快成立国家空间太阳能发电站推进委员会，协调各部委多渠道持续进行关键技术攻关。实行"政产学研用金"六结合，形成国家投入和市场推动的创新投资机制，主导成立国际合作机构推动空间太阳能发电站的国际化，为"一带一路"建设保驾护航。

葛昌纯院士将一生中最宝贵的青春年华献给了"两弹一星"

的崇高事业。他自 1952 年大学毕业至今半个多世纪以来，50 年来奋战在核材料研究第一线，他在钢铁研究总院领导专题组研制成功用于生产浓缩铀的复合分离膜，是国家发明一等奖"乙种分离膜制造技术"的第一发明人，为我国打破超级大国的核垄断立下了赫赫功勋。

1980 年 10 月至 1983 年 4 月作为德国洪堡基金会研究员在 Max-Planck 材料科学研究所和柏林工大非金属材料研究所从事粉末冶金和先进陶瓷研究，获 Dresden 技术大学工学博士学位。1985 年起在北京科技大学从事研究和教学工作，晋升为教授、博士生导师。1988 年被人事部评定为"国家有突出贡献中青年专家"，1990 年被原国家教委和国家科委评定为"全国高校先进科技工作者"。兼任：中国金属学会粉末冶金专业委员会特种材料与制品学术委员会主任委员；世界陶瓷科学院层状和梯度材料学会主席；世界陶瓷科学院自蔓延高温合成学会理事；2001 年被选为中国科学院院士。2006 起年任西南交通大学教授、博士生导师。

葛昌纯常说："我的前半生主要献给了中国的核裂变事业，而我的后半生主要献给中国的核聚变和核裂变事业。"他始终贯彻着"热爱祖国、无私奉献、自力更生、艰苦奋斗、大力协同、勇于攀登"的"两弹一星"精神，不遗余力地为祖国培养着"又红又专"的人才。他在开会时经常会提到两个词，那就是"奉献"和"爱国"，他时刻提醒他的学生们，中国的材料水平和发达国家还有一定差距，一定要以只争朝夕的精神努力赶上，这是我们实现现代化、实现民族复兴的基础。在他创建的特种陶瓷粉末冶金研究所（即"核材料研究所"）的墙上挂着"材料报国，追求第一"的横幅。这是葛昌纯一生的追求，也是他对学生的教诲和期望。

他培养的研究生中有 12 名在国内外从事有关核材料方面的研究。1985 年，葛昌纯来到了北京科技大学执教，他与赖和怡教授创建中国第一个粉末冶金博士点，与钟香崇院士等创建无机非金属材料博士点，培养出 37 位博士和 66 位硕士。葛昌纯的第一位博士生李江涛，在毕业 7 年后作为中科院理化技术研究所优秀人才被引进，是他弟子中第一位成为博士生导师的学生。又如周张

1980 年 10 月至 1983 年 4 月，葛昌纯和夫人夏元洛赴德从事粉末冶金和先进陶瓷的研究。图为葛昌纯夫妇在莱茵河岸边

健、沈卫平、燕青芝、刘维良等教授在博士毕业后依然在葛教授的带领下，与引进的张迎春教授等一起，凭着对中国核事业的热爱，积极从事核材料的研究和开发，现在已成为北京科技大学核材料研究所梯队的主力。

葛昌纯院士说："我们国家正在迅猛发展，为了实现强国梦，我还有很多事情要做。"他带着"一定要自主创新"的信念，至今仍坚守在科研工作的第一线，每天都准时出现在实验室，手把手地指导研究生，关键的实验他一定要亲自参加指导，经常加班到深夜。

无论是粉末冶金、先进陶瓷或是核材料、空间太阳能发电等新能源材料研究，葛昌纯都始终带着以材料报国的热忱信念。

葛昌纯年谱

葛昌纯（1934年3月6日—　　）

出生于　浙江平湖乍浦

中国科学院院士，中国共产党党员

1949 年　考入唐山交通大学（今西南交通大学）矿冶系物理冶金
　　　　　专业，1952 年毕业。

1952—1984 年　先后在冶金部钢铁冶金总院冶金室、压力加工
　　　　　室、粉末冶金室担任专题负责人、高级工程师、研究室
　　　　　副主任。

1960—1984 年　负责研制用于生产浓缩铀 -235 的孔径为纳米量级
　　　　　的分离膜。创建起中国第一个比较完整的包括金属和非金
　　　　　属、粉末合成、材料制造和性能检测的纳米材料实验室。

　　是国家一等发明奖"乙种分离膜的制造技术"的第一发明人，冶金部科技成果二等奖"戊种分离膜的制造技术"的第一完成人，为中国"两弹一星"事业做出了重大贡献。

　　科研项目"以复合氮化物做烧结助剂的氮化硅基陶瓷的研究"获教育部科技进步二等奖、冶金部科技进步三等奖。

　　"燃烧合成氮化硅陶瓷的应用基础研究"获北京市科技进步三等奖。

1980年10月—1983年4月　作为德国洪堡基金会研究员在Max-Planck材料科学研究所和柏林工大非金属材料研究所研究粉末冶金和先进陶瓷，获Dresden技术大学工学博士学位。

1985年　在北京科技大学从事研究和教学工作，晋升为教授、博士生导师。创办特种陶瓷粉末冶金研究室，和其他教授一道先后创建起中国第一个粉末冶金博士点和北京科技大学非金属材料博士点。

1988年　被人事部评定为"国家有突出贡献中青年专家"。

1990年　被原国家教委和国家科委评定"全国高校先进科技工作者"。

1997—2000年　提出、论证和指导完成了"863"课题"耐高温等离子体冲刷的功能梯度材料研究"，通过验收。

2001年　被选为中国科学院院士。

2003年 当选世界陶瓷科学院院士，兼任：中国金属学会粉末冶金专业委员会特种材料与制品学术委员会主任委员；世界陶瓷科学院层状和梯度材料学会主席；世界陶瓷科学院自蔓延高温合成学会理事；Key Engineering Materials；International Journal of SHS Materials Technology 和"粉末冶金工业"等国际、国内刊物的编委。

2007年10月 被科技部聘为第二届国家磁约束核聚变专家委员会顾问。

鸣　谢

　　向所有关心、支持、帮助此书顺利出版的各位领导、各位资料提供者、各位朋友致以衷心的感谢！